BING ZEN UND DIE KUNST EINEN ELEFANTEN ZU FÜHREN

STANLEY BING

Zen und die Kunst einen Elefanten zu führen

SO MANAGEN SIE IHREN CHEF

Aus dem Englischen
von Bea Reiter

ARISTON

Die Originalausgabe erschien 2002 unter dem Titel *Throwing the Elephant*
bei HarperCollins Publishers Inc., New York / USA

Die Deutsche Bibliothek – CIP-Einheitsaufnahme
Bing, Stanley:
Zen und die Kunst, einen Elefanten zu führen : so managen Sie Ihren
Chef / Stanley, Bing. Aus dem Engl. von Bea Reiter. – Kreuzlingen ;
München : Hugendubel, 2002
(Ariston)
Einheitssacht.: Throwing the elephant <dt.>
ISBN 3-7205-2354-3

Umschlaggestaltung: Zembsch'Werkstatt, München
Titel-Illustration: Angela Hopf, München
Redaktion: Verlagsbüro Oliver Neumann, München
Produktion: Maximiliane Seidl
Satz: Impressum, München
Druck: Huber, Dießen
Printed in Germany

ISBN 3-7205-2354-3

Inhalt

Epilog

Machen Sie mir einen mit allem.
Ein Zen-Meister bei der Bestellung eines Hotdog

Vorwort
Worum es in diesem Buch geht

You gotta serve somebody.
Bob Dylan

Ich hatte einmal einen Chef, der etwas sehr Kluges zu mir gesagt hat. Da das nicht sehr häufig vorkam, habe ich genau aufgepasst.

»Man kann sich seinen Chef nicht aussuchen«, sagte er.

In seinen Worten schwang ein gewisses Bedauern mit. Er war ein Chef. Ich nicht. Trotzdem verband uns ein Gefühl, das wir beide empfanden, ungeachtet unserer Position im Kosmos des Unternehmens.

Seit dieser Chef, den ich mir nicht ausgesucht hatte, das Unternehmen vor vielen Jahren verlassen hat, um für den Rest seines Lebens Golf zu spielen, habe ich sehr oft an diesen Satz denken müssen. Und je mehr ich darüber nachdenke, desto mehr komme ich zu der Überzeugung, dass er stimmt.

Man kann sich seinen Chef nicht aussuchen.

Gehen Sie in den riesigen Supermarkt aus Ideen und Nicht-Ideen (vulgo: Buchhandlung), und bleiben Sie vor den Regalen der Abteilung »Wirtschaft« stehen, die sich aus unerfindlichen Gründen meistens weit, weit weg von »Philosophie« und entschieden zu nah an »Computer« befindet.

Sie werden dort Dutzende von Büchern finden, die behaupten, einem ängstlichen, traumatisierten, misstrauischen, wütenden, hoffnungsvollen, ehrgeizigen, hoffnungslosen, verwirrten, frustrierten und schwachsinnigen Angestellten bei der Entwicklung einer Strategie für den Umgang mit der Person helfen zu können, die ihm als Chef vor die Nase gesetzt wurde.

Wir brauchen nicht weiter auf den Unsinn einzugehen, der den Leuten vorgeschlagen wird. Er basiert ohne Ausnahme auf der Vorstellung, dass man der Macht mit rationalen Mitteln begegnen könne. Kann man aber nicht.

Um mit dem Problem fertig zu werden, müssen Sie die Abteilung »Wirtschaft« – in der Sie dieses Buch bedauerlicherweise wohl auch gefunden haben – verlassen und zum Großvater der Philosophie wandern: der Religion.

Denn nur durch eine Art Teilkonvertierung wird man auf dem unsicheren Terrain Fuß fassen können, auf dem sich ungestüme, unvernünftige, selbstsüchtige, niederträchtige, verschlagene, infantile und aggressive Macht bändigen und letzten Endes auch kontrollieren lässt.

Ja, man kann es schaffen!

Aber *Sie* werden es *nicht* schaffen. Jedenfalls nicht so, wie Sie zurzeit sind. Sie brauchen Brahma an Ihrer Seite. Oder zumindest etwas, das Sie Brahma näher bringt.

Es gibt viele Religionen, die sich um die menschliche Seele kümmern. Sie alle haben ihre Berechtigung. Bei einigen gibt es an Feiertagen besseres Essen als bei anderen, aber alle haben glückliche Anhänger, und es wäre nutzlos, hier eine Diskussion darüber zu beginnen, welche Religion denn nun die Beste von allen ist. Egal, mit welcher Religion Sie aufgewachsen sind, es ist vermutlich sinnvoll, wenn Sie einfach dabei bleiben.

Aber eines ist sicher. Nur durch Zen-Meditation wird der Untergebene, der nach Verständnis, Einfluss und Erleuchtung sucht, bei seiner Arbeit glücklich werden. Und das Beste dabei ist: Zen funktioniert auch mit den anderen großen Religionen, sodass Sie Ihre Religion bei der Arbeit nicht aufzugeben brauchen. Das ist sehr praktisch.

Zen erschließt uns ein inneres Reservoir an Gelassenheit, das jenseits unserer Vorstellungskraft liegt.

Zen kann man im Sitzen praktizieren, während man ins Leere starrt. Und das machen Sie doch sowieso schon sehr oft, oder?

Zen löst uns von der Absurdität des Alltags und lässt uns weitermachen, selbst wenn jede Faser unseres Selbst nach Aufgeben schreit.

Zen verändert den Boden, auf dem Sie stehen, und die Perspektive, aus der Sie die Dinge sehen, sodass Sie das Leid und den Schmerz hinter sich lassen können, die untrennbar mit dem Dienst für Ihren Elefanten verbunden sind.

Zen wird Sie in die Lage versetzen, ein außerordentlich großes und schweres Objekt in die Hand zu nehmen und wie einen Ball aus Knetgummi zu bearbeiten. Denn im Grunde genommen ist die Führungsetage eines Unternehmens nichts anderes als das – Knetgummi.

Wenn Sie geduldig sind, Vertrauen haben und diszipliniert üben, werden Sie dieses gewaltige Objekt mit Hilfe von Zen an fast jeden beliebigen Ort manövrieren können, ohne sich allzu sehr anstrengen zu müssen.

Wenn Sie Zen für Manager praktizieren, werden Sie nach vielen misslungenen Versuchen endlich lernen, den Elefanten – Ihren Chef – zu dressieren und zu führen.

Prolog
Über Elefanten und wie sie sich vom Menschen unterscheiden

Bei Heinrich von Pierer, dem sechzigjährigen Vorstandsvorsitzenden der Siemens AG, geht es auf dem Tennisplatz derart zur Sache, dass es sogar so prominente Gegner wie Bundeskanzler Gerhard Schröder aufgegeben haben, gegen ihn gewinnen zu wollen. Bei einem Doppel wurde dem durchtrainierten von Pierer ein etwas korpulenter Partner zugewiesen, mit dem er gegen Schröder und einen anderen Spieler antrat. Nach einer Weile brüllte ein frustrierter von Pierer, dessen Team im Rückstand lag, seinem Partner zu: »Man muss seinen Gegner hassen!« und wies ihn dann an, sich in die Ecke zu stellen und nichts zu tun. Anschließend fegte von Pierer im Alleingang über den Platz und holte den Sieg ohne seinen Partner.

Wall Street Journal, 2. Februar 2001

Ein Blinder wurde von seiner Firma beauftragt, einen sehr großen und schwierigen Elefanten zu dressieren.

Als Erstes betastete der Blinde das Vorderteil des Elefanten mit den Händen. Dort schien sich eine große, breite Öffnung zu befinden, über der etwas Langes, Schlangenförmiges baumelte. An der Seite des Tiers ertastete er eine riesige Wand aus Leder, das an einigen Stellen so hart wie Stein war. Am Hinterteil fand er zwei runzlige, kugelförmige Objekte, zwischen denen eine feuchte Stelle lag. Was sollte er wohl von diesem Bereich halten?

Kurze Zeit später hatte der Blinde eine Besprechung mit seinem Vorgesetzten. »Wie würdest du das Tier beschreiben, dem du gerade begegnet bist?«, fragte der Bodhisattwa (ein Wesen, das auf dem Weg zur Erleuchtung schon ziemlich weit vorangekommen ist), der seine geistige Entwicklung überwachte.

»Es war auf allen Seiten unergründlich«, antwortete der Blinde. Sofort wurde er von den Sicherheitsbeamten gepackt, die ihn in den Keller schleiften und ohne viel Federlesens in einen großen Teich mit Krokodilen warfen. »Was habe ich getan, um dieses Schicksal zu verdienen?«, schrie er, während ihm die Reptilien das Fleisch von den Knochen rissen.

»Das soll wohl ein Witz sein«, entgegnete sein Vorgesetzter. »Ein Mensch, der das Vorderteil eines Elefanten nicht von dessen Hinterteil unterscheiden kann, hat *jede* Strafe verdient.«

> Ich fürchte, wir haben das falsche Ende des Elefanten erwischt.
> *Alan Wagner, Vice President von CBS, über das Scheitern der TV-Serie* Beacon Hill, *1975*

Es gibt viele Tiere auf der Erde. Aber nur einige davon sind Elefanten. Und mit denen muss der Rest von uns fertig werden.

Einige von uns sind Gnus, was recht bedauerlich ist, es sei denn, man hat sich freiwillig für den Weg des Gnus entschieden, dann ist natürlich nichts daran auszusetzen. Träge Rindviecher unterschiedlicher Größe, die mittags Gemüse essen und niemandem etwas zu Leide tun, haben mit Sicherheit auch ihre Daseinsberechtigung. Ich wünsche ihnen nur das Beste!

Andere wiederum sind Löwen, aber es ist allgemein bekannt, dass Löwen gegen einen durchschnittlichen Elefanten nicht ankommen. Löwen sind edle, wilde Tiere, doch auch sie können unter dem Fuß des Elefanten zerquetscht werden. Dann gibt es da noch die kleinen Vögel, die dem Elefanten die Insekten aus den Hautfalten picken. Aber würde Ihnen so ein Leben gefallen?

> Wenn man einen Elefanten am Hinterbein hat, und er versucht fortzulaufen, dann ist es am besten, ihn laufen zu lassen.
> *Abraham Lincoln*

Um seinen Weg in Würde gehen zu können, muss man zunächst einmal erkennen, dass man kein Elefant ist, und dann sein Leben in den Dienst dieser riesigen, mächtigen Tiere stellen und sich ihrer Dressur widmen.

Es ist machbar. Ihre Größe trügt. Ihre Macht ist vergänglich. Irgendwann gehen sie alle zum Elefantenfriedhof. Und bis dahin brauchen sie unsere Hilfe.

Elefantenfakten

▶ Elefanten sind sehr schwer. Viele normale Menschen sind auch sehr schwer, aber niemand wiegt so viel wie ein Elefant. Selbst wenn Elefanten dünn und ausgetrocknet sind, sind sie immer noch sehr, sehr schwer.

▶ Elefanten sind zudem groß, selbst wenn sie klein sind. Sogar ein kleiner Elefant ist immer noch größer als ein normaler Mensch.

▶ Elefanten fressen enorme Mengen, und so kommen jede Woche viele Tonnen zusammen, obwohl es für die meisten von ihnen nur Thunfisch und Salat gibt. Egal, wie viel oder wie gut ein normaler Mensch essen kann, er schafft auf jeden Fall immer weniger als ein Elefant.

▶ Elefanten sind grundsätzlich Hedonisten, selbst dann, wenn sie sich zur Abwechslung einmal etwas nicht gönnen.

▶ Elefanten sind daran gewöhnt, alles zu bekommen, was sie wollen. Wenn sie es einmal nicht bekommen, regen sie sich lautstark auf und bedrohen ihre Elefantenführer oder andere Elefanten.

▶ Elefanten haben eigene Regeln. Diese Regeln haben oft nur für den Elefanten selbst einen Sinn, und es gibt eigentlich keinen Grund, sie zu befolgen, es sei denn, der Elefant geht auf Sie los, wenn Sie es nicht tun.

▶ Elefanten genießen es, dass sie so groß und mächtig sind. Es steht geschrieben (im *Wall Street Journal*), dass Sanford Weill, der Chairman der Citigroup, sich einmal vor einer Gruppe aus Gefolgsleuten und glühenden Anhängern als Moses verkleidet hat, um die Niederlage seines Konkurrenten John Reed beim Kampf um die Leitung des Unternehmens Ende der Neunzigerjahre zu feiern. Bei diesem Elefanten war der Sinn für Sitte und Anstand derart ausgeprägt, dass in einer im *New York Times Magazine* erschienen Laudatio nicht ein einziges Zitat von ihm abgedruckt werden durfte. Als er seinen Sieg über die – von ihm so genannten – Truppen des Pharao feierte, machte er sich mit langem Bart und wallendem Gewand über seine zur Strecke gebrachten Feinde lustig. Das Publikum krümmte sich vor Lachen, denn nichts ist so unterhaltsam wie ein zu Späßen aufgelegter Elefant.

▶ Elefanten haben eine kurze Aufmerksamkeitsspanne. Viele von ihnen stellen Leute ein und feuern sie am gleichen Tag wieder. Mit der Zeit werden wir die Fähigkeit entwickeln, von auftretenden Gefühlswallungen des Elefanten grundsätzlich neunzig Prozent abzuziehen. Das ist ein guter Rabatt, und jeder, dem das angeboten wird, sollte mit beiden Händen zugreifen.

▶ Elefanten sind von Natur aus reinliche und penible Tiere. Sie ziehen sich gern gut an und reisen mit Fahrzeugen, deren Konstruktion auf ihre Bedürfnisse Rücksicht nimmt. Sie werden wütend und ziemlich gefährlich, wenn ihr Beförderungsmittel nicht rechtzeitig eintrifft und sie gezwungen sind, untätig in der Gegend herumzustehen.

▶ Elefanten hassen es, Zeit zu verschwenden, es sei denn, sie können es »Besprechung« nennen.

▶ Für einen *echten* Elefanten – also weder Schaf noch Wolf oder Gnu in Elefantenhaut – existieren Sie nicht. Es gibt Sie nicht. Es gibt nichts. Es gibt nur den Elefanten. Kommt Ihnen das nicht ziemlich dumm vor? Und der Elefant, der so denkt, sieht auch ganz schön dumm aus.

▶ Elefanten sind kolossale Schwafler und Aufschneider und nie so gut, wie Sie vielleicht denken. Elefanten sind nur deshalb so toll, weil sie so dreist sind.

▶ Einen Elefanten kann man nicht ignorieren. Man muss ihn verstehen und in die gewünschte Richtung lenken. Das funktioniert, weil Elefanten trotz ihrer Größe und Macht der Führung bedürfen und das auch wissen.

▶ Ganz wichtig: Elefanten können nichts anderes sein als Elefanten. Egal, unter welchem Druck sie stehen, sie werden nicht zu Ratten oder Mäusen, und sie nehmen auch nicht wieder ihre menschliche Form an. Elefanten bleiben Elefanten. Sie, meine kleine Lotusblüte, sind kein Elefant. Und genau darin liegt der Weg des Heils und des Managements nach oben.

Management nach oben! Der Weg und das Licht für all jene, die sich in tiefem Dunkel abmühen. Durch die Vier (möglicherweise auch

Fünf) Edlen Wahrheiten und den Achtfachen Pfad sollen Sie es kennen lernen und künftig danach leben. Das ist der Weg des Zen für Manager.

Zen für Manager: Was ist das?

Zen ist vieles und hat viele Lösungen für viele Rätsel. Aber im Grunde genommen ist es das Wissen um das Universum und dessen Funktionsweise, das man sich beim Sitzen aneignet.

Sie haben richtig gelesen. Beim Sitzen. Viele Jahre, in denen man bequem (manchmal sogar in einem sehr schönen Ledersessel) und in Gedanken versunken dasitzt, ohne Hoffnung auf geistige (ganz zu schweigen finanzielle) Entschädigung arbeitet und nach der Leichtigkeit des Seins strebt, die mit dem Verzicht auf Hoffnung und Begierden einhergeht.

Wenn Sie sitzen und sitzen und sitzen, bis plötzlich alles leichter wird, erlangen Sie Erleuchtung, und durch Erleuchtung erlangen Sie – Macht.

Und Glückseligkeit. Denn wir können viel glücklicher sein als ein Elefant. Eher geht ein Kamel durch ein Nadelöhr, als dass ein Elefant glücklich wird. Der durchschnittliche Manager auf mittlerer Führungsebene, der sich mittags schnell seinen Teller am Büfett füllt und das Essen hinunterschlingt, hat es damit wesentlich einfacher. Denn Elefanten werden von ihren Begierden gesteuert. Und Begierden machen einem das Leben zur Qual.

Der Elefant – *Ihr* Elefant – kann und wird letzten Endes nie mehr oder weniger sein als er selbst. Das ist seine größte Stärke und seine größte Schwäche.

Sie dagegen können alles sein, was Sie wollen, da Sie zu klein sind, um Anspruch auf ein Selbst zu haben. Und das ist der direkte Weg zur inneren Ruhe und Erleuchtung. Denn das Selbst macht uns zu Gefangenen.

Lassen Sie Ihr Selbst hinter sich!

Tolles Gefühl, nicht wahr?

Ihr Elefant kann sein Selbst nicht hinter sich lassen. Er lebt weiter mit diesem gigantischen, grauen Selbst … bis er irgendwann nicht mehr lebt. Und dann? Dann gibt es einen neuen Elefanten. Es wird immer einen neuen Elefanten geben.

16

Und auch dieser neue Elefant wird nichts mehr und nichts weniger sein als er selbst.

Und Sie? Sie können alles sein! Weil Ihr Selbst nichts ist! Wie schön für Sie.

Es ist Aufgabe der anderen, das Beste aus dem Elefanten zu machen, aus seiner Größe, seinem Gewicht, seiner kompromisslosen Art. Wenn sie es schaffen, können sie das Jammertal des Lebens verlassen.

Jene, denen dies nicht gelingt, werden von den Gezeiten mitgerissen und weggespült.

Einleitung
Der Buddha in der Wirtschaft

Alles, was man ohne viel Nachdenken tun kann, ist eine ideale
Meditationsform, zum Beispiel Erbsen enthülsen, den Garten um-
graben, einen Zaun errichten oder den Abwasch erledigen.
Alan Watts (1915–1974), angloamerikanischer Zen-Meister

Besiege dein Selbst, dann wirst du auch deinen Gegner besiegen.
Takuan Soho (1573–1645), japanischer Zen-Meister

Wenn man schon zu denken anfängt, dann kann man es auch
gleich in großem Stil tun.
Donald Trump

Die Geschichte des Buddha

Vor langer, langer Zeit lebte einmal ein junger Mann in einem Vorort einer sehr großen Stadt, aber vielleicht war die Stadt ja gar nicht
so groß. Es könnte Bridgeport gewesen sein. Spielt das eine Rolle?

Der junge Sid Arthur gehörte zu einer großen Familie, einer
Familie, die aus reichen und mächtigen Geschäftsleuten bestand
und die Stadt in der Zeit vor der großen Konsolidierung regierte.

Als Arthur erleuchtet wurde, war er schon ziemlich fett und
auch kahl geworden und ähnelte mit seinem dicken Bauch und
dem lächelnden Gesicht den Statuen, die wir heute von ihm kennen. Aber in seiner Jugend hatte Arthur sehr gut ausgesehen. Damals hatte er dichtes, ungebändigtes Haar und war als eifriger Par-
tygänger bei Männern und Frauen gleichermaßen beliebt. Er war
derjenige, der sich weigerte, um drei Uhr morgens zu gehen, wenn
alle anderen schon am Aufbrechen waren und ins Hotel zurück
wollten, er war derjenige, der noch einen Cocktail vertrug, wenn
die anderen schon fast mit dem Gesicht im Zwiebeldip lagen.

Sein Vater erzog den jungen Mann, wie es einem Sprössling der
herrschenden Klasse gebührte. Er ging zuerst nach Andover, dann
nach Yale und von dort auf die Wharton School of Business.

Sid war ein glücklicher, junger Mann und schnitt in sämtlichen Fächern hervorragend ab. Außerdem spielte er hervorragend Squash und Poker.

Aber schon recht früh in seinem Berufsleben wurde klar, dass der junge Mann anders war. Während seine Kommilitonen von der Universität nach der Abschlussprüfung ausschwärmten, um nach kleinen Firmen zu suchen, die sie zu Grunde richten und billig übernehmen konnten, wandte sich der zukünftige Buddha entsetzt von einer solchen Karriere ab.

Der Legende nach nahmen seine Freunde einmal ein kleines Telekommunikationsunternehmen ins Visier, das sie mit einem größeren Internet-Provider fusionieren wollten. Der Provider wollte sich Umsatzwachstum kaufen, da das eigene Geschäft nichts hergab.

Gerade als die kleine Firma den Todesstoß erhalten hatte und die Makler sich wie die Geier auf die Überreste stürzten, immer die gigantischen Transaktionsgebühren vor Augen, griff der junge Mann ein und handelte ausgezeichnete Abfindungen für die Geschäftsleitung aus. Es gelang ihm sogar, einen großen Teil des mittleren Managements vor der Fusionsaxt zu retten.

Die Makler ärgerten sich sehr darüber, denn sie waren fest entschlossen, den Personalbestand so billig wie möglich zu reduzieren. Der Vater des jungen Mannes erkannte, dass sein Sohn irgendwie anders war und vielleicht nie in der Lage sein würde, ein richtiger Geschäftsmann zu werden. Daher besorgte er ihm eine Stellung im Familienunternehmen und drängte ihn zu häufigen Urlaubs- und Geschäftsreisen in Fünf-Sterne-Hotels auf der ganzen Welt.

Während dieser Zeit lernte der junge Mann eine schöne, junge Frau kennen, die gerade ihr Jurastudium an der Columbia University abgeschlossen hatte, aber noch einen MBA machen wollte, weil sie keine Lust hatte, als Rechtsanwältin zu arbeiten. (Wer will das schon?) Die beiden heirateten und waren sehr glücklich miteinander.

Das Leben des jugendlichen Buddha verlief in etwa so wie erwartet. Er bekam selten etwas anderes zu sehen als sein Büro, sein Haus und die Hotels, in denen sich der privilegierte Geschäftsreisende zwischen den Besprechungen zur Ruhe betten kann.

Eines Tages verbrachte der junge Mann einmal längere Zeit in den Büroräumen eines anderen Unternehmens, mit dem seine Leute ein Joint Venture eingehen wollten.

Während er im Konferenzraum saß und seine Unterlagen durchblätterte, hörte er zufällig mit an, wie ein Manager der mittleren Leitungsebene von einem Senior Vice President aus der Finanzabteilung angebrüllt wurde. Der arme Mann zog vor Angst die Schultern hoch, seine Augen waren gerötet und tränten vor Angst und Erniedrigung, die Hände zitterten, und er konnte kaum die Stimme erheben, um sich zu verteidigen.

»Was ist da los?«, fragte unser junger Held einen seiner Kollegen. »Warum schreit dieser Mann den anderen an? Und warum lässt sich der andere diese Demütigung einfach so gefallen?«

»Das ist eben so, mein Freund«, antwortete der Kollege, ein Mann namens Beebe, der übrigens bis zum Ende seines Lebens bei dem Buddha bleiben sollte. »Management funktioniert schon seit undenklichen Zeiten so, in mittelalterlichen Feudalstaaten, kommunistischen Diktaturen und kapitalistischen Konferenzräumen. So behandeln die Mächtigen jene, die weniger Macht haben als sie. Das liegt in der Natur des Menschen.«

»Was du nicht sagst«, entgegnete der Buddha. Und dann wurde er sehr, sehr nachdenklich.

Später am selben Nachmittag kam er an einem kleinen Büro vorbei, das ganz in der Nähe der Toiletten lag. Dort saß ein älterer Mann in einem altmodischen Anzug mit Weste an einem Schreibtisch und schnitt Papierfiguren aus. »Warum sitzt dieser doch offensichtlich intelligente Mann hier und verschwendet seine Zeit?«, fragte der Buddha seinen Kollegen.

»Auch daran kann man nichts ändern«, erwiderte Beebe. »Er hat auf dem Höhepunkt seiner Karriere eine falsche Entscheidung getroffen und muss jetzt Tag für Tag großes Leid erdulden und völlig nutzlose Dinge tun, weil die Geschäftsleitung nicht weiß, was sie mit ihm machen soll.«

»Aha«, sagte der Buddha tief betrübt. Für ihn war klar, dass die beiden Männer, die er heute gesehen hatte, dazu verdammt waren, ein Leben in unermesslichem Leid zu führen, das ihre gesamte Existenz bestimmte, und das nur, weil sie nicht mit dem Elefanten umgehen konnten.

In den darauf folgenden Tagen und Monaten ging der Buddha mit offenen Augen durch die Gegend und sah jene Leiden und Schmerzen, die das Los der Menschen sind, welche für Elefanten arbeiten. »Kann ich denn gar nichts tun, um die Qualen der arbeitenden Bevölkerung zu lindern?«, fragte er sich immer wieder. Deshalb beschloss Sid Arthur in seinem dreißigsten Lebensjahr, seinen Job aufzugeben und fortan als Consultant von Ort zu Ort zu ziehen. Er wollte direkten Kontakt zu dem vom Management verursachten Leid suchen, weil er hoffte, dass er bei seiner Suche nach Erkenntnis irgendwann einen Weg finden würde, um den Schmerz auszulöschen, der mit einer Beschäftigung in der Wirtschaft einhergeht.

Der Buddha oder Die mageren Jahre

In den nächsten sieben Jahren wanderte der Meister von Unternehmen zu Unternehmen und suchte nach Antworten.

Als Erstes verbrachte er geraume Zeit mit einer Gruppe von Asketen, die dem Konzept der Qualitätssicherung anhingen, bei dem – so glaubten sie – konsequente Beachtung der Prozesse und der Wünsche des Kunden den Weg zu Freiheit und Glück frei machten.

Der zukünftige Buddha erlernte den Qualitätsprozess, stellte dabei aber fest, dass er lediglich ein paar tyrannische Fanatiker ganz oben an der Spitze glücklich machte. Das erinnerte ihn zu sehr an die üblichen Geschäftspraktiken, und daher zog er weiter.

Als Nächstes schloss er sich einer Gruppe von Bettelmönchen an, die vom Shareholder Value besessen waren. Eine Zeit lang dachte er, dass in dieser absoluten Reinheit des Geistes vielleicht ein Funken Wahrheit zu finden sei. Aber niemals wieder stieß er auf so viel Verwirrung und Leid unter den Mitarbeitern, die nicht zur Geschäftsleitung gehörten. Das Management war sich für keinen Beutezug unter den Mitarbeitern zu schade, wenn dadurch auch nur ein einziger Wertpapieranalyst einen Nachmittag lang für das Unternehmen begeistert werden konnte. Der Meister setzte seine Wanderschaft fort.

Im Westen und Osten der Vereinigten Staaten studierte er geraume Zeit bei jenen, die in Unternehmen mit Personenkults arbeiteten. Lautlos wandelte der Buddha durch die Hallen von Diller, Welch, Eisner, Gerstner, Gates, Ellison und Enrico und erkannte, dass man dort durchaus glücklich sein konnte, dass dieses Glück aber letztendlich zu wenig Substanz hatte, um von Dauer zu sein.

Immer wieder stellte der junge Arthur fest, dass für die arbeitende Bevölkerung eine grundlegende Wahrheit galt: Arbeiten bedeutet Leiden, und das meist auch noch für zu wenig Geld.

Ihm wurde klar, dass für das Problem des menschlichen Leidens eine neue Lösung gefunden werden musste.

Während der Meister weiterzog, spielte er sämtliche Varianten der Selbstzüchtigung durch, um sein angestrebtes Ziel zu erreichen. Zuerst versagte er sich jeglichen Spesenluxus, da er glaubte, der Weg zur Weisheit bestünde darin, sich keinerlei Vergnügen mehr zu gönnen. Er aß weder Müsli zum Frühstück noch Salat zu Mittag, und abends gestattete er sich höchstens einmal einen Cheeseburger in einem Fast-Food-Restaurant oder ein Stück Pizza an einem Straßenstand. Sonst nichts.

Aber außer Verdauungsproblemen brachte ihm das gar nichts.

Nach einer Weile kam er zu dem Schluss, dass das selbst auferlegte Spesenverbot nicht die Lösung sein konnte, da er das Gefühl hatte, auf etwas zu verzichten, das ihm von Rechts wegen zustand, und dies den nach Wahrheit Suchenden von seinem Ziel ablenkte. Fortan aß und trank er wieder wie jeder andere Geschäftsreisende auch und flog nur dann erster Klasse, wenn die Business Class ausgebucht war.

Er suchte weiter, bis er es fast nicht mehr ertragen konnte, nach dem Schlüssel zu forschen, der allem Leid ein Ende bereiten würde – zumindest zwischen acht und 19 Uhr, mit Ausnahme der amerikanischen Westküste, wo man früher Feierabend macht.

Dann kam der Tag, an dem er seine Suche tatsächlich nicht länger ertragen konnte und zu sich selbst sagte: »Zum Teufel damit.«

So ging er in seinem 37. Jahr ganz allein in die Wüste nahe Palm Springs. Dort ist es zwar sehr heiß, aber auch sehr angenehm, weil eine trockene Hitze herrscht, unter der man nicht so leidet wie in feuchteren Klimazonen, wo man das T-Shirt innerhalb weniger Minuten durchgeschwitzt hat. In der Wüste erforschte Sid neue Formen der Meditation, Formen, die den Anforderungen der Wirtschaft entsprachen, denn es ist wesentlich einfacher, zu meditieren und auf diese Weise erleuchtet zu werden, wenn man nichts zu tun und das Handy keinen Empfang hat.

Eines Morgens, als ihm das Herz furchtbar schwer war, nahm der Buddha sich eine Zigarre und ging in die Wüste hinaus, da man heutzutage in den USA ja immer ins Freie muss, wenn man rauchen will. Er setzte sich unter einen Baum und beschloss, sich endlich mit der Tatsache abzufinden, dass es immer Leiden bedeutet, wenn man unter einem Vorgesetzten arbeitet, und man nichts dagegen tun kann, es sei denn, man kündigt oder lernt, das Unkontrollierbare zu kontrollieren.

Nachdem er seine Zigarre geraucht hatte, versank der Buddha in Trance oder vielleicht auch in eine Art Koma, jedenfalls in einen Zustand, der es ihm erlaubte, weiterhin sitzen zu bleiben.

Es wurde Nacht, es wurde Tag, aber noch immer saß der Buddha regungslos da.

Als er am nächsten Morgen mit steifen Gliedern, doch befreit von der großen Last auf seiner Seele, aufstand, war er nicht länger der Geschäftsmann, der sich am Tag zuvor unter den Baum gesetzt hatte. Er strahlte eine Kraft aus, die aus der Erleuchtung stammte, und besaß mit einem Mal die Fähigkeit, andere Männer und Frauen von ihrem Leiden zu erlösen.

Eine Zeit lang spielte er mit dem Gedanken, alles hinzuwerfen und den nächsten Flug in die Karibik zu nehmen. Es ging ihm glänzend, und er hatte nicht allzu viel Hoffnung, dass die Lehre, in der er seine bedauernswerten Mitmenschen unterweisen wollte, von den nach Macht und Geld gierenden Werktätigen angenommen wurde.

Aber er dachte darüber nach. Wenn er seine Weisheit nicht an andere weitergab, was für einen Sinn hatte seine Suche dann gehabt?

Also traf der Buddha sich mit ein paar Freunden, die an diesem Tag eigentlich mit ihm Golf spielen wollten, und wies sie an, sich niederzusetzen. Dann sprach er zu ihnen und erklärte ihnen die Wahrheit, die ihm endlich zuteil geworden war. Sie hörten ihm tief bewegt zu und wandelten sich auf immer. Hinterher gingen sie selbst hinaus, um die neue Weisheit zu verkünden (aber nicht, ohne vorher einige Löcher gespielt zu haben).

In den nächsten 45 Jahren wanderte der Buddha von Ort zu Ort und nahm nur dann einen Scheck an, wenn es absolut notwendig war. Überall, wo er hinging, predigte er dieselbe einfache Wahrheit, die man vielleicht am besten mit den Worten des Buddha aus der ersten Diskussion mit seinen Jüngern im Doubletree in Dallas beschreiben kann. So steht es geschrieben:

> Wer angelangt am Ziel, sorglos und ganz befreit,
> Wer alle Fesseln brach, für den gibt es kein Leid.
> *Aus dem* Dhammapada[1]

Keine Fesseln mehr! Was für ein Konzept. Wir wollen unsere Fesseln sogleich ablegen und uns dabei von kleinen Weisheiten in einer Form helfen lassen, die jeder ehemalige BWL-Student wiedererkennen und verstehen wird.

BUDDHA-WEISHEITEN

Erste Schritte

▶ Wir sind alle eins mit der Firma. Sie hat keinen Anfang und kein Ende. Also entspannen Sie sich. Nichts ist wirklich wichtig.

▶ Vor dem Unendlichen sind wir alle ganz klein. Auch der riesige Elefant, der Ihnen gerade das Leben schwer macht.

▶ Es gibt kein Wir und kein Ich. Es gibt nur das Universum der Firma. Sie sind ein Teil davon, und die Firma ist ein Teil von Ihnen. Sie hat keinen Anfang und kein Ende und Sie auch nicht. Sie sind alles, und alles ist Sie. Sie sind das Ein und das Alles.

▶ Es gibt nur das Ganze. Es gibt keine einzelnen Bestandteile. Es gibt nur die Firma.

▶ Der Schwerste im Körper der Firma hat kein Gewicht, und der Leichteste ist so schwer wie der Größte. Alles andere ist eine Illusion und liegt an dem teuren Anzug.

▶ Es gibt keine Vergangenheit. Es gibt keine Zukunft. Es gibt nur das Jetzt. Und im Jetzt gibt es nur die Pflicht – das, was zu erledigen ist. Sonst nichts.

▶ Mit der Firma wird es immer weitergehen. Egal, ob wir ein Teil von ihr sind oder nicht. Egal, ob wir glücklich sind oder nicht. Es spielt keine Rolle, denn *alles* wird weitergehen, egal, ob es wichtig ist oder nicht, weil es in der Natur der Dinge liegt, dass alles weitergehen soll. Darin liegt kein Sinn. Es dreht sich nur ums Weitergehen.

▶ Es gibt kein Vorwärts und kein Rückwärts. Also hören Sie auf, Karriere machen zu wollen.

- Wir leiden, weil wir Bedürfnisse haben. Wenn wir keine Bedürfnisse mehr haben, sind wir glücklich. Das Ende von Hoffnung und Begierde ist der Weg zur Erleuchtung.
- Es gibt keinen Chef. Es gibt keine Firmenhierarchie. Das ist alles eine Illusion. Es gibt nur die Arbeit und die heitere Gelassenheit des unvergänglichen Ganzen. Und das sind Sie!

ZEN UND DIE KUNST, EINEN ELEFANTEN ZU FÜHREN

VORBEREITUNG

Die Vier (oder Fünf) Edlen Wahrheiten

Der Achtfache Pfad

Entspannen Sie sich!

Die Vier (oder Fünf) Edlen Wahrheiten

Man bekommt immer nur so viel, wie man bewältigen kann.
Jimmy Hoffa Jr., ehemaliger amerikanischer Gewerkschaftschef

Es gibt viele Möglichkeiten, um den Weg zur Erleuchtung zu finden. Man kann beten und fasten, was bei einigen Menschen zu sehr guten Ergebnissen führt, aber dieser Weg ist mühsam und beschwerlich, vor allem für Leute mit einem elektronischen Zeitplaner, die häufig an Geschäftsessen teilnehmen müssen und nach der Arbeit öfter mal einen trinken gehen. Mit dem Fasten – und dem Beten – ist es dann ganz schnell vorbei.

Dazu hat der Buddha eine eindeutige Meinung: Wenn es Erleuchtung nur für solche Leute gäbe, die sich ihren Lebensunterhalt nicht durch Arbeit verdienen müssen, wäre das Ganze eine ziemlich unfaire Sache.

Der Buddha hat es gesagt, und in den heiligen Schriften steht es auch. Erleuchtung findet man nicht ausschließlich dadurch, dass man im Morgenmantel mit einer Schale Reis in der einen Hand und einem Stock in der anderen in der Gegend herumwandert, sondern auch bei seiner Arbeit. Man braucht sich nicht aus der Welt zu verabschieden, um sie zu überwinden. Man muss die Hilfsmittel benutzen, die einem in den Weg gelegt werden. Vielleicht lässt sich das am besten mit einer kleinen Geschichte erklären.

Eines Morgens ging der Buddha zum Friseur, weil er einen neuen Haarschnitt brauchte. Der Friseur war wie so viele seiner Zunft ein redseliger Geselle, der gern über Philosophie sprach, und er überschüttete seinen Kunden mit einer Unmenge bedeutungsloser Anekdoten und gedankenloser Bemerkungen, an denen der Buddha kein Interesse hatte.

Als der Friseur eine besonders lange und ermüdende Tirade beendet hatte, schloss der Buddha die Augen und tat einen dieser tiefen, reinigenden Atemzüge, die später zu einem wichtigen Bestandteil seiner Lehre werden sollten. Der Friseur bemerkte es und ließ nachdenklich die Schere sinken.

»Oh, Buddha«, sagte er mit einem tiefen Seufzer zu der gewaltigen Leere, die vor ihm auf dem Stuhl saß. »Mir ist soeben klar geworden, dass ich seit zwanzig Minuten ununterbrochen rede und Ihr bis jetzt noch kein einziges Wort gesagt habt. Was soll ich Eurer Meinung nach daraus schließen?«

Der Buddha lächelte, was ein erhebender Anblick war und den gesamten Friseursalon mit einem Leuchten erfüllte. »Ja, mein Freund«, entgegnete er. »Deine Aufgabe ist es, mir das Haar zu schneiden. Meine Aufgabe ist es, hier zu sitzen und mir das Haar schneiden zu lassen. Du siehst, dass wir der Perfektion schon sehr nahe wären, wenn wir unsere Pflicht ohne störende Ablenkung erfüllen würden.«

Dem Friseur ging sofort auf, wie Recht der Buddha hatte, und er sagte für den Rest des Haarschnitts kein einziges Wort mehr. Der Buddha kam endlich dazu, die *Financial Times* zu lesen, und zum Schluss gab er dem Friseur ein dickes Trinkgeld.

Jetzt klar? So und nicht anders funktioniert es. Jeder tut das, was er tun soll, ohne viel Aufhebens deswegen zu machen. Alles wird leichter. Und je leichter alles wird, desto mehr werden Sie erleuchtet. Sehr bald schon wird Ihnen so ziemlich alles gleichgültig sein. Bis auf die Arbeit.

Die Nachtigall im Baum singt ihr Lied,
Was sollte sie auch sonst tun?
Man braucht drei,
Um den Kochtopf zu füllen!
Bo Ho, 342 n. Chr.

Ein Stahlarbeiter macht Stahl, und darin liegt seine Erleuchtung. Ein Buchhalter vertieft sich in seine Zahlenreihen und findet auf diese Weise vielleicht den Weg zum Einklang mit dem Universum. Für andere führt der Pfad zur Weisheit über zwei weit verbreitete Seinszustände: Sitzen und Schweigen. Vor allem bei Besprechungen.

Sitzen und Schweigen bilden den Kern des Zen. Und auch den Kern unserer Arbeit.

Denken Sie einmal darüber nach. Wir nehmen an einer Besprechung teil. Wir sitzen. Wir schweigen. Sicher, manchmal müssen wir etwas sagen, und das tun wir dann auch. Anschließend reden andere. Und während sie sprechen? Da schweigen wir.

Auf dem Weg zur Arbeit sitzen wir im Zug oder in unserem Auto, oder wir stehen in der U-Bahn und starren vor uns ins Leere wie eine Kuh auf der Weide. Wir bewegen uns von Punkt A zu Punkt B. Was tun wir dabei? Nichts. Und dieses Nichts ist Alles.

Im Laufe des Tages bekommen wir unsere Post, elektronisch oder auf Papier. Während wir sie lesen und beantworten, sitzen wir. Wir schweigen. Zugegeben, manchmal kommt jemand in unser Büro, dann müssen wir etwas sagen oder sonst wie reagieren. Aber wenn wir wieder allein sind, kehren wir zu unserer Aufgabe zurück. Und was tun wir dabei? Richtig. Wir sitzen. Und wir schweigen.

Wir sitzen vier oder fünf Stunden lang in einem Flugzeug, weil wir zu einer Besprechung müssen, deren relevanter Teil vielleicht zehn oder 15 Minuten dauert. Wir starren aus dem Fenster und überlegen, ob wir uns den Spielfilm im Bordfernsehen ansehen sollen. Wir sitzen und schweigen.

Zwischen zwei Flügen schauen wir uns die unvermeidlichen CNN-Nachrichten an, die auf einem an der Wand montierten Fernseher laufen. Ein Teil unseres Gehirns hört einem interessanten Bericht über einen Tanzbären zu, der von einer bosnischen Zwergenfamilie adoptiert wurde. Aber während wir so dasitzen und weniger als zehn Prozent unserer Gehirnleistung nutzen, herrscht tief in unserem Inneren Schweigen.

Und in diesem Schweigen liegt die Befreiung. Ruhe und Frieden. Das Ende von Begierde, Leidenschaft und Schmerz.

Wir lesen Zeitungen, die unser Schicksal gestalten. Das *Wall Street Journal* glaubt, dass es mit unserer Branche bergab geht.

Unser Verstand sträubt sich gegen das, was wir lesen, sei es nun in der Zeitung, in einer internen Firmenmitteilung oder in einer E-Mail. Unsere Gefühle sind in Aufruhr. Aber halten Sie inne. Gehen Sie in sich. Finden Sie dort nicht etwas, dem das alles herzlich egal ist? Natürlich ist dort etwas. Dort ist Schweigen. Dort ist der Buddha.

Dort ist die Antwort auf das Management und die Kontrolle großer wie kleiner Elefanten.

Sehen Sie mal, da kommt gerade einer in unseren kleinen Winkel des Dorfes. »Tröööööt!« Er reckt seinen Rüssel in die Höhe und trompetet los. Manchmal trampelt er durch die Gegend und zerquetscht dabei Hütten, Dorfbewohner und andere Dinge unter seinen großen, breiten Füßen. Sicher, es gibt Leute, die um den Elefanten herumrennen, ihn anschreien, versuchen, ihn unter Kontrolle zu bringen, ihn in eine bestimmte Richtung drängen wollen. Aber wir tun das nicht. Wir sitzen. Wir schweigen. Vielleicht braucht der Elefant etwas von uns, das in unseren Aufgabenbereich fällt. Dann werden wir natürlich unsere Pflicht tun. Aber anschließend gehen wir zurück zu unserem Platz, um wieder zu sitzen und zu schweigen. Der Elefant ist wieder weg! Und dann?

Wir sitzen. Wir schweigen. Und so, wie Wasser einen Brunnen füllt, werden wir, wenn wir es nur zulassen, schließlich ein hohes Maß an Freiheit und Macht in uns spüren.

Wie erreichen wir diesen Zustand des Friedens und der Freude?

Indem wir, wie schon der Buddha vor uns, die Vier (oder Fünf) Edlen Wahrheiten begreifen, die die Grundlage für den Umgang mit großen und kleinen Elefanten bilden.

Die Vier (oder Fünf) Edlen Wahrheiten

Wahrheit Nr. 1: Arbeit ist Leiden. Die Fähigkeit, andere Leute herumzukommandieren, verhindert höfliche Umgangsformen. Es liegen genügend Beweise dafür vor, dass sogar Gandhi seine Mitarbeiter schikaniert hat, obwohl er ansonsten ein sehr gutes Image hatte. An dieser Tatsache kommt man nicht vorbei. Chefs sind Mistkerle. Akzeptieren Sie es einfach.

Wahrheit Nr. 2: Begierde ist die Wurzel allen Leidens. Der Wunsch nach Erfolg und immer besserer Lebensqualität macht zahllosen Männern und Frauen das Leben zur Qual. Wenn man nichts will, wird man auch nicht enttäuscht.

Wahrheit Nr. 3: Das Leid kann besiegt werden. Das Selbst ist die Wurzel der Begierde. Man muss das Selbst ausmerzen, um einen Frieden jenseits aller Vorstellungskraft zu erlangen. Nur durch Zen kann das Nicht-Selbst die Macht anderer überwinden, die Seele befreien und kostbare Schätze erlangen.

Wahrheit Nr. 4: Es gibt einen Weg, um das Leiden zu beenden. Auf diesen Weg werden wir uns jetzt begeben. Es ist der Achtfache Pfad, der wie die meisten achtfachen Pfade aus acht Schritten besteht, bis auf die achtfachen Pfade in Zen-Texten wie diesem, die haben nämlich manchmal auch zehn Schritte.

Wahrheit Nr. 5: Es gibt keine Wahrheit Nr. 5.

Der Achtfache Pfad

Ein Kampfsportler muss alles, was ihn zerstören könnte, erdulden, überleben und überwinden. Ein Ninja muss die Kunst des Gewinnens beherrschen.
Takamatsu Toshitsugu (1889–1972), Meister der Ninja-Kampfkunst

Ein wahrer Pazifist ist jemand, der einen anderen im Bruchteil einer Sekunde töten oder verstümmeln kann, sich aber unmittelbar vor der Vernichtung des Feindes für Gewaltlosigkeit entscheidet.
Yukiyoshi Takamura (1928–2000), Meister japanischer Kampfkünste

Da der Buddha die Welt und ihre Geheimnisse verstand, wusste er auch, dass ein vager, verallgemeinerter Ansatz für die meisten Geschäftsleute nicht geeignet ist, weil diese weiterhin ihre Aufgaben erfüllen müssen, während sie gleichzeitig nach Erleuchtung und einer Möglichkeit suchen, den Elefanten zu dressieren und zu führen.

Ihm wurde klar, dass die beiden Ziele ein und dasselbe waren: Die Dressur des Elefanten ist eine Form der Erleuchtung, und Erleuchtung versetzt einen in die Lage, selbst den widerspenstigsten Elefanten zu dressieren und zu führen.

Der Buddha war nicht nur ein Anhänger der Metaphysik, sondern hatte auch genügend Geschäftsreisen hinter sich, um zu wissen, dass Geschäftsleute nicht durch Willenskraft allein ihr Ziel erreichen, sondern eine detaillierte Liste dazu brauchen.

Im ersten Hochgefühl der Erleuchtung ging der Buddha zufällig an einem Schreibwarenladen vorbei. Er hatte nicht danach gesucht, sondern spazierte einfach so in der Gegend herum und genoss seinen neuen, selbstlosen Status, beseelt von dem Gefühl, auf eine wirklich gute Idee gekommen zu sein und am Rand des Kosmos zu sitzen und keinen Schmerz mehr zu empfinden. Der Buddha ging also aus keinem besonderen Grund – da es für ihn keine besonderen Gründe mehr gab – zu diesem gut sortierten Schreibwarenladen in einem kleinen Einkaufszentrum vor den Toren von Palm Springs, um sich ein Päckchen Kaugummis zu kaufen.

»Wenn man sich völlig ins Kaugummikauen versenkt, gelangt man dadurch zu einer Form der Vervollkommnung«, sagte der Buddha zu sich, aber eigentlich wollte er nur ein Päckchen Kaugummis, was ja Grund genug ist, sich eines zu kaufen. Wenn er es nicht bekommen hätte, wäre das auch in Ordnung gewesen, denn er war schließlich sämtliche Wünsche losgeworden. Aber da ja alle Dinge gleich waren, sprach nichts dagegen, ein Päckchen Kaugummis in der Tasche zu haben. Und weil der Schreibwarenladen direkt vor ihm war, ging er schnurstracks hinein.

Während der Buddha mit großer Konzentration seinen Kaugummi kaute, ließ er die Augen über die Reihen von Zeitschriften schweifen, die eine ganze Wand in dem Laden einnahmen. Und egal, welchem Thema eine Zeitschrift gewidmet war, auf allen Titelseiten sah er Zahlen.

Zahlen, Zahlen und nochmals Zahlen.

»154 Wege zum Waschbrettbauch!«

»Die besten 500 Unternehmen!«

»256 Möglichkeiten, um Ihren Mann zu verwöhnen!«

»Die 100 besten Kapitalanlagen!«

Und so ging es immer weiter. Dem Buddha war mit einem Mal klar, dass gewöhnliche Leute eine nummerierte Liste brauchen, wenn sie etwas begreifen sollen. Also stellte er eine zusammen.

Der Achtfache Pfad

1. Nicht sorgen. Sie werden Ihr Ziel nur erreichen, wenn die Grundlagen stimmen. Der erste Schritt besteht darin, morgens aufzuwachen und einen Kaffee zu trinken, dann aber den gängigen Weg zu verlassen und über den Dingen zu stehen. Das ist nicht gerade einfach, aber bis wir die Fähigkeit entwickelt haben, uns um nichts mehr zu scheren, sind wir weiterhin Spielball der Mächte, die unser Leben bestimmen.

2. Nicht hoffen. Das Leben wird nicht besser. Selbst wenn es, sagen wir, am Dienstag besser aussieht, wird es am Mittwoch höchstwahrscheinlich wieder schlimmer werden, und wenn nicht am Mittwoch, dann eben spätestens am Donnerstag.

3. Nicht sprechen. Wie viel Atem vergeuden wir, um Banalitäten auszusprechen! Überlassen Sie das Geplapper dem Elefanten. Streben Sie nach Schweigen, denn es wird Sie von Lügen, übler Nachrede, Beleidigungen und übermäßiger Eigenwerbung abhalten. Und wenn Sie etwas sagen, sollten Sie Worte wählen, die ins Gewicht fallen. Ein Bild sagt mehr als tausend Worte. Schweigen ist Gold. Gleich getan ist viel gespart ... Stopp!

4. Nicht reagieren. Wenn Sie das nichts Sagende nicht sagen, ist zwar schon viel gewonnen, aber es fehlt noch etwas. Schlägt der Elefant wieder einmal über die Stränge, sollten Sie möglichst unauffällig darauf reagieren. Am besten reagieren Sie überhaupt nicht.

5. Nicht kritisieren. Jeder kann mal etwas falsch machen. Wenn niemand darunter leiden muss, ist es eigentlich egal. Zugegeben, die Elefanten lassen die anderen eigentlich immer leiden, aber steht es Ihnen zu, jemand anderen zu kritisieren? Hören Sie damit auf!

6. Nicht zuhören. Das ist etwas ganz anderes als nicht hören. Nicht hören ist schlecht. Sie müssen versuchen, alles zu hören. Aber hören Sie dem Elefanten nicht zu, es sei denn, er gibt Ihnen einen direkten Befehl.

7. Nicht denken. Das Ziel besteht darin zu überlegen, ohne dabei zu denken. Machen Sie Ihren Geist frei von allen Gedanken! Und sorgen Sie dafür, dass das auch so bleibt. Der Buddha kennt einen Programmierer in Los Angeles, der nur die Einfälle anderer nutzte und selbst keine hatte. Damit machte er Karriere. Irgendwann war er dann so weit oben, dass er anfing, selbst zu denken. Nach zwei Monaten wurde er gefeuert. Berücksichtigen Sie das, aber bitte ohne dabei zu denken.

8. Nicht fühlen. Unsere Gefühle für den Elefanten sind das größte Hindernis bei seiner Dressur, und das zerstörerischste aller Gefühle ist Angst. Man kann keinen Elefanten führen, wenn man Angst vor ihm hat. Sie müssen Ihre Angst überwinden. Der erste Schritt besteht darin, sämtliche Gefühle für den Elefanten loszuwerden, bis auf die Liebe, die wir als Anhänger des Zen allen dummen Kreaturen des Universums entgegenbringen müssen, selbst wenn diese gefährlich sind.

9. Nicht planen. Konzentrieren Sie sich mit Ihrem inneren Auge auf das *Jetzt*. Die Zukunft ist eine Illusion, vor allem in fusionierten Unternehmen. Statt zu planen, sollten Sie einfach nur dasitzen, auf

Ihren Notizblock starren und meditieren. Lassen Sie Ihre Gedanken wandern. Sehr bald schon werden Sie hervorragende Einfälle haben, mit denen Sie nichts planen können.

10. Nicht aufgeben. Denn was bringt's? Viele Menschen, die aufgeben, stellen hinterher fest, dass es besser gewesen wäre, wenn sie auf eine Kündigung samt einer dicken Abfindung gewartet hätten. Aufgeben ist eine Form von Egoismus. Sie sollen Ihren Job machen.

Wenn Sie diese acht (vielleicht auch zehn) Schritte sitzend, schweigend und meditierend meistern, werden Sie die richtige Einstellung bekommen – aber nur, wenn Ihnen so leicht ums Herz geworden ist, dass Sie dafür bereit sind. Sie können gleich damit anfangen!

Entspannen Sie sich!

Sobald man sich etwas sehnlichst wünscht, wird man von den äußeren Umständen abhängig. Wenn man seinen Wünschen nachgibt, wird man habgierig. Wenn man gern Geschenke bekommt, wird es zu Zank und Hader kommen. Wenn man sich mit gehorsamen Anhängern umgibt, wird es nicht lange dauern, bis man doppelzüngige Schmeichler anzieht. Wenn man sich in der Siegerrolle gefällt, entsteht eine tiefe Kluft zwischen einem selbst und den anderen. Wenn man Leute ausnutzt, wird Groll darüber laut werden … Wenn der Verstand nicht geweckt wird, verschwinden unzählige spontane Einfälle.
Inschrift auf einem Stein in Nanning

Das Leben ist beschissen, und dann stirbt man.
Anonym

Vor ein paar Jahren saßen einige Führungskräfte von Westinghouse um einen Tisch im Hotel Four Seasons in Los Angeles. Um was es bei dieser Besprechung eigentlich ging, ist im Laufe der Zeit in Vergessenheit geraten. Aber da es Westinghouse heute nicht mehr gibt, kann das Thema nicht allzu wichtig gewesen sein.

Nach einiger Zeit betrat ein Angestellter des Hotels den Konferenzraum und teilte den Anwesenden mit, dass gerade eine große Gruppe wütender Bürger in das Stadtviertel gestürmt sei, in dem das Hotel lag, und offenbar alles andere als gute Absichten habe.

In der ganzen Stadt waren Unruhen ausgebrochen. Am Flughafen wurde auf Maschinen geschossen, die Los Angeles zu verlassen versuchten. Autos wurden in Brand gesteckt. Es war eindeutig an der Zeit zu gehen. Der Buddha, der gerade über die Unvermeidlichkeit des Leidens – insbesondere seines eigenen – nachdachte, war bestürzt, als er die Neuigkeiten hörte.

»Wir sollten jetzt gehen und einen Ort suchen, der uns mehr Sicherheit bietet«, sagte er zu seinen Kollegen, die sich gerade ihre Teller mit kaltem Braten gefüllt hatten.

Da die Besprechung vorbei war, gingen zwei Mönche auf den Buddha zu, der sich schon darauf vorbereitete, eine höhere Ebene zu erreichen. »Buddha, wir wollen noch neun Löcher in Bel Air schlagen, bevor die Unruhen sich weiter verschlimmern. Kommt Ihr mit?«, sagte der Ältere der beiden.

Der Buddha lehnte das Angebot mit einem bewundernswerten Lächeln ab: »Nein, meine Freunde. Ich werde an einem anderen Ort gebraucht.«

So ging der Buddha mitten in der Krise nicht Golf spielen, sondern auf das Dach des Hotels, wo es einen Swimmingpool gab und der Kellner ihm einen Obstsalat servierte.

Von diesem Aussichtspunkt aus beobachtete er den Vormarsch der unzufriedenen Bürger, unter ihnen auch Harvey Keitel – einer der Lieblingsschauspieler des Buddha – und mehrere sonnengebräunte Agenten der Künstleragentur William Morris, die die ganze Zeit über in ihre Mobiltelefone sprachen.

Wie erreicht man einen solchen Stand der immer währenden Güte? Ganz einfach – durch Entspannung. Eine Entspannung, die so tief und vollkommen ist, dass sie sogar einem Großbrand trotzen kann. Entspannung, die durch Meditation erreicht wird, Meditation, bei der wir uns mit unseren Gedanken auf einen winzig kleinen Punkt konzentrieren, in dem es keinen Platz für unser Selbst, unsere Wünsche, unsere Gefühlsausbrüche gibt.

Jack Welch, der langjährige Chef von General Electric, spielt in allen Lebenslagen Golf. Martha Stewart, die amerikanische Lifestyle-Koryphäe, weiß, wie man einen Cocktail zubereitet und ihn dann auch genießt, wenn sie nicht gerade über den vollendeten Blütenkranz nachdenkt, und sie erreicht in beidem eine unübertroffene Perfektion. Donald Trump sammelt deutsche Supermodels für seine Agentur wie andere Leute Briefmarken und klebt auf alles, was nicht niet- und nagelfest ist, Etiketten mit seinem Namen.

Diese großen Elefanten haben die intellektuelle Wahrheit von Erleuchtung und Glück erkannt: Nichts ist so ernst, als dass man es nicht auf die leichte Schulter nehmen könnte.

Aber wir, die wir so klein sind, sind mit so großem Ernst und so verbissen bei der Sache! Wir hetzen durch die Gegend wie übergeschnappte Frettchen, während jene, die das Universum beherrschen, in großen Limousinen mit Minibar an uns vorbeifahren!

Der Schlüssel zur Überwindung von Verbissenheit ist Meditation. Meditation bedeutet – zumindest für Anfänger – ganz einfach, sich hinzusetzen und so lange zu denken, bis das eigene Selbst weg ist. Das kann jeder. Aber wenn sich jemand seine Brötchen im Sitzen verdient, ist er eindeutig im Vorteil.

BUDDHA-WEISHEITEN

Meditation: 1. Schritt

▶ Setzen Sie sich hin. Wenn Sie schon sitzen, bleiben Sie so.

▶ Atmen Sie. Atmen Sie noch einmal. Atmen ist gut. Denken Sie darüber nach, was passiert, wenn Sie es nicht tun!

▶ Ihr Ziel besteht darin, den Punkt zu erreichen, an dem Ihnen grundsätzlich immer und überall alles und jedes völlig egal ist.

▶ Dieser Punkt ist schwieriger, als viele denken. Es liegt in der Natur des Menschen, sich Sorgen darüber zu machen, was mit ihm geschieht. Doch das Sorgenmachen ist nur eine Illusion und ein Relikt aus Ihrer Prä-Zen-Existenz.

▶ Nicht vergessen – es ist alles egal. Selbst wenn Sie die stärkste Macht im Universum wären, würde das am Ende überhaupt keinen Unterschied machen. Denn es gibt keinen Unterschied, und es gibt kein Ende. Also atmen Sie, und machen Sie Ihren Geist frei von allen Gedanken. Mmmmmm. Gut!

▶ Lassen Sie ab von den Sehnsüchten, die beim Meditieren immer wieder auftauchen werden, von den wild wuchernden Hoffnungen und Ängsten, die alle auf das Verlangen, sich selbst zu bessern, zurückzuführen sind. Geben Sie es auf. Geben Sie alles auf. Sie sind kein Elefant, und in dieser Tatsache werden Sie am Ende die Freiheit finden. Überlassen Sie das Grübeln dem Elefanten. Das ist nichts für Sie. Sie sollen einfach nur glücklich sein.

▶ Und vergesst nicht, meine Freunde, dass alles im Universum einmal sterben wird. Die gute Nachricht ist, dass viele Menschen vor Ihnen sterben werden. Das meiste von dem, was Sie unglücklich macht und Ihnen auf die Nerven geht, wird deshalb vor Ihnen tot sein, weil vieles davon älter und klappriger ist als Sie. Das soll nicht heißen, dass Sie es so wollen, denn Sie wollen ja nichts. Trotzdem: Die anderen werden nicht mehr da sein, und dann können Sie endlich in Ruhe einen gemischten Salat mit extra vielen Putenbruststreifen essen.

▶ Atmen Sie. Spüren Sie den unendlichen Raum um Ihr bodenloses Nichts. Ihr Selbst … Ihre Ziele … Ihre Hoffnungen und die meisten Ihrer Wünsche … Lassen Sie alles los!

▶ Und zu guter Letzt – lassen Sie den Kopf nicht hängen. Sehen Sie das Leben von seiner heiteren Seite. Es könnte schließlich auch regnen.

ZEN UND DIE KUNST DES MANAGEMENTS NACH OBEN

Für Anfänger
Wie man mit dem Elefanten umgeht

Für Fortgeschrittene
Wie man den Elefanten dressiert

Für Experten
Wie man den Elefanten führt

Für Anfänger:
Wie man mit dem Elefanten umgeht

Die Hände steuern das Schwert, der Verstand steuert die Hände. Man muss den Verstand schärfen und darf sich nicht durch Tricks, Täuschungsmanöver und Raffinessen ablenken lassen. Diese sind das Handwerkszeug eines Zauberers, nicht jedoch eines Samurais.
Saito Yakuro, Meister der Kampfkünste

Keep It Simple, Stupid.
Werbeslogan von IBM

Bevor der Elefant kommt:
Sie

Der Ochse ist in Wirklichkeit nie verloren gegangen; warum also ihn suchen? Da der Mensch sich aber von seinem Wahren-Wesen abgewandt hat, ist der Ochse ihm fremd geworden.
Text zum Ersten der Zehn Ochsenbilder, Japan, zwölftes Jahrhundert [2]

Wer bist du?
Alice im Wunderland, die Raupe zu Alice

Wissen Sie, welches grundlegende Hilfsmittel Sie brauchen, um das wilde Tier ins Nichts zu befördern?

Sich selbst.

Aber das Selbst – Ihr Selbst, das seit dem Tag Ihrer Geburt mehr oder weniger die ganze Zeit über bei Ihnen gewesen ist – können Sie nicht aufgeben, ohne seine Rolle in Ihrem bisherigen Leben voll und ganz zu verstehen.

Wissenschaftliche Studien haben gezeigt, dass das Selbst in mehrere Komponenten unterteilt werden kann:

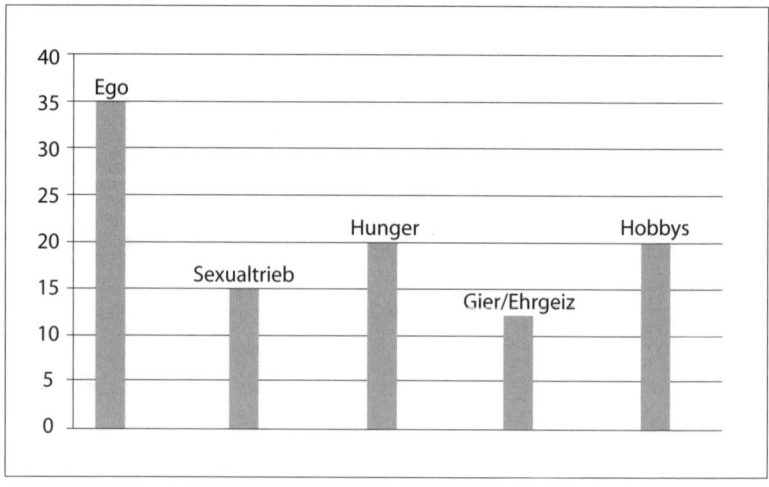

Was hat Ihnen das alles gebracht, zumindest in der letzten Zeit? Mit Ausnahme vielleicht der Hobbys kann man jede Komponente ab einem gewissen Alter ohne große Einbußen an Glück und vor allem an Ruhe und Frieden aufgeben.

Aber – sind Sie dazu bereit?

Brauchen Sie Ihr Ego? Vielleicht. Doch was ist das eigentlich?

Ego – was ist das?

▶ Ihr Ego ist der Teil von Ihnen, der Sie jeden Morgen beim Aufstehen begrüßt. Sie sehen in den Spiegel und erkennen, was Sie da sehen, es sei denn, Sie sind transsexuell, aber in diesem Fall können wir hier nichts für Sie tun.

▶ Ihr Ego macht Sie stolz, bestimmt Ihren Stil, wie Sie sich anziehen, was Sie in einem Restaurant bestellen, welche Elektronikartikel Sie zur Selbstbestätigung kaufen, welche Marken Sie bevorzugen – von Mozzarella bis zu den Batterien für Ihre Taschenlampe.

▶ Ihr Ego bestimmt, ob Sie sich für wichtiger oder für weniger wichtig als andere halten.

▶ Ihr Ego ist der Stolz auf das, was Sie erreicht haben, und auf das, was Sie im Gegensatz zu anderen nicht erreicht haben, weil Sie dafür einen zu großen Preis hätten zahlen müssen.

▶ Ihr Ego ist alles, was Sie an sich selbst lieben, und alles, was Sie an der Welt um sich herum lieben, wenn Sie glücklich sind.

▶ Ihr Ego ist das, was Sie zu erreichen versuchen, die Summe all Ihrer Wünsche und Ziele.

Aber ist Ihr Ego in Wirklichkeit nicht auch eine große Last? Wäre es nicht am besten, wenn Sie dieses Übermaß an Hoffnung, Ehrgeiz, Liebe, Hass, Sehnsucht und Verwirrung einfach aufgeben und Ihre Reise ohne den ganzen Ballast fortsetzen könnten? Alles sehen, über alles staunen, sich der Pflichten und des Schicksals bewusst sein, aber befreit von fast allem anderen?

Welchen Zweck hat das Selbst?

Stellen Sie sich doch bitte einmal einen Mann vor – oder auch eine Frau, wenn Ihnen das lieber ist –, der auf einer Autobahn fährt. Die Straße vor ihm ist frei, und er fährt einen guten Wagen, der in einwandfreiem Zustand, aber vermutlich zwanzig Prozent teurer als alle anderen ist, weil es sich um ein deutsches Modell handelt.

Plötzlich geht der Airbag auf.

Jetzt müssen mehrere Faktoren berücksichtigt werden. Die Straße vor unserem Autofahrer ist nach wie vor frei und in hervorragendem Zustand. Für jemanden, der die Kurven sehen kann, ist sie völlig sicher. Das Auto ist ebenfalls in Ordnung, abgesehen von einer leichten Tendenz zum Übersteuern in den Kurven, die alle europäischen Limousinen haben, aber das ist natürlich Ansichtssache.

Doch der Fahrer kann nichts sehen! Er ist in tödlicher Gefahr, weil sich direkt vor ihm dieses riesige Luftkissen aufgebläht hat. Er kann nicht daran vorbeisehen! Er kann nicht darübersehen! Er kann nur das Luftkissen sehen, das eigentlich als Unfallschutz im Lenkrad installiert wurde, jetzt aber keinem Zweck dient und ihm die Sicht versperrt.

Der Airbag ist Ihr Selbst. Sie haben es gebraucht, als Sie jung waren und eine größere Wahrscheinlichkeit bestand, dass Sie mal einen Unfall haben. Aber jetzt versperrt es Ihnen die Sicht auf die Straße und macht es Ihnen unmöglich, den Weg zu gehen, der Ihnen vom Schicksal bestimmt ist.

Sehen Sie zu, dass Sie es loswerden! Sie können es schaffen! Aber nicht durch einen schrittweisen, behutsamen Prozess. Jetzt. Sofort. Befreien Sie sich von Ihrem Ego.

Sobald Ihr Ego verschwunden ist, ist alles möglich. Die Straße vor Ihnen wird frei von Hindernissen sein. Man kann Sie beleidigen. Sie können vom Pech verfolgt sein. Idioten können Sie kränken. Man kann Sie aus Ihrem Büro vertreiben. Man kann Ihnen das Budget kürzen. Man kann Sie ignorieren. Man kann Ihren Verantwortungsbereich einschränken. Man kann Ihnen so viele neue Pflichten aufbürden, dass Sie nicht mal mehr zum Schlafen nach Hause kommen. Es wird Ihnen nichts ausmachen. Weil alles gleich viel wert ist oder gar keinen Wert hat, weil alles gleich groß ist oder gar keine Größe hat. Es gibt nur das gewaltige Nichts, das innerhalb und außerhalb von allem liegt. Und die Straße vor Ihnen.

BUDDHA-WEISHEIT

▶ Alle anderen Aspekte Ihres Selbst werden sich verflüchtigen. Dem Zen-Krieger kann nur das Golfspielen – der Gipfel der Ablenkung – gefährlich werden. Alles andere liegt an Ihnen.

Bevor der Elefant kommt:
Es

Ich kam mir vor wie eine Fliege, die während eines Meetings an der Wand sitzt.
Jack Welch über seinen Job als zwölfjähriger Caddy für Geschäftsleute in einem Country-Klub in Salem, Massachusetts

Das ist ja furchtbar.
Stephen W. Sanger, CEO von General Mills, über das erste Seminar seines Jurastudiums und die Entscheidung, in die Wirtschaft zu gehen.

Zum Elefanten kann man geboren werden, man kann aber auch dazu gemacht werden, vor allem von seiner Mutter. Außerdem hinterlassen Elefanten winzige Spuren auf dem Weg, den sie eingeschlagen haben, um anderen das Leben schwer zu machen.

Der amerikanische Milliardär und einstige Kandidat für das Präsidentenamt Ross Perot beispielsweise ist ein kleiner, aber äußerst zäher Elefant. Zudem ist er in der Lage, erheblich größere Tiere nach Belieben in der Gegend herumzuschieben, nachdem er die gesamte politische Welt verblüfft und wie durch ein Wunder den sehr viel größeren und lauteren Ex-Wrestler und Gouverneur von Minnesota, Jesse Ventura, geboren hat. Man erzählt sich, dass Perot als Junge einmal ein Bild von seiner Mutter bekommen hat, einen Druck von Norman Rockwell, auf dem ein Pfadfinder beim Gebet dargestellt ist. Seine Mutter hatte es aus einer Zeitschrift gerissen und über dem Schreibtisch des jungen Elefanten an die Wand gehängt. Das Bild wurde »alles, was ich je sein wollte«, sagte Mr Perot später.

Jeder junge Mönch, der versucht, Mr Perot zu dressieren, sollte daher wissen, dass dieser winzige Elefant sich sein ganzes Leben lang als Pfadfinder beim Gebet gesehen hat. Solche Informationen sind wegen ihrer Hebelwirkung von unschätzbarem Wert. Und die Hebelwirkung ist ein zentraler Punkt dessen, was wir jetzt gerade lernen.

Jeder kommt von irgendwo her. Charles F. Knight, ehemaliger CEO von Emerson, das zu den am besten geführten Unternehmen der Welt zählt, war erst 15 Jahre, als ihn sein Vater mit einhundert Dollar auf dem Konto und einem Sommerjob in einer Metallgießerei in der unendlichen Weite Kanadas zurückließ. »Bis dann«, waren die letzten Worte, die Mr Knight von seinem Vater hörte.

Das tut weh. Aber aus dieser Erfahrung ist ein sehr großer Elefant entstanden.

Der unerfahrene Elefantenführer tut deshalb gut daran, so viel wie möglich über seinen Elefanten in Erfahrung zu bringen, bevor dieser den Raum betritt. Denn im Körper des großen Tiers schlägt des Herz eines Kindes. Wenn Sie dieses Herz finden, haben Sie auch den ersten Schlüssel gefunden.

BUDDHA-WEISHEIT

▶ Das World Wide Web weiß fast alles. Surfen Sie durch das Web, und Sie finden vielleicht die Antworten über den großen Grauen, der gleich in Ihr Leben treten wird. Setzen Sie sich hin. Schalten Sie Ihren Computer ein. Loggen Sie sich ein. Tippen Sie »Google«. Drücken Sie die Eingabetaste.

Bevor der Elefant kommt:
Es, Teil 2

Ich war ein Computerfreak, mit dem kein Mädchen ausgehen
wollte.
*Bill Joy von Sun Microsystems über den Tag, an dem er mit 15 Jahren
die Highschool in North Framington, Michigan, abschloss und
zum »Fleißigsten Schüler« gewählt wurde.*

Wenn man nur ein Auge hat und der Kleinste in der Klasse ist, muss
man sich was überlegen, um mit den anderen auszukommen. Man
kann schließlich nicht einfach draufhauen.
Bob Pittman, AOL-Chef

Jeder Elefant fängt als Kalb an. Die Elefanten werden dies unter
Umständen bestreiten, weil sie glauben wollen, dass sie sich selbst
geschaffen haben. Es ist zwar durchaus möglich, dass sie sich selbst
verbessert haben, aber ihr Elefantenstatus wurde ihnen von den
Mächten verliehen, die in ihrer Welt – und in der Ihren – das Sagen
haben.

Die Elefanten glauben vielleicht, dass ihr Leben durch Erfahrun-
gen und Epiphanien gestaltet wurde, die ihnen dabei geholfen haben, ihren Topspin oder ihr Handikap zu verbessern. Doch das
stimmt nicht. Sie kommen klein und schwach auf die Welt – aber als
Elefanten. Wenn aus Ihnen ein Elefant hätte werden sollen, wüssten
Sie das bereits. Sie wüssten es schon lange.

Wenn Sie über den Elefanten nachdenken, dem Sie gleich begegnen werden, sollten Sie ein paar Jahre zurückgehen. Mit großer
Wahrscheinlichkeit ist unser Elefant ein trauriges, kleines Tier gewesen.

Denn sehr oft finden wir heraus, dass der junge Elefant in irgendeiner Beziehung erhebliche Defizite hatte. Er war der Kleinste, der
Dickste, derjenige, von dem man nicht erwartete, dass er einmal
Karriere machen würde. Das Erstaunlichste ist die Tatsache, dass
der Schüler, von dem alle angenommen hatten, er würde mal bis
ganz nach oben kommen, heute bei einem Autohändler am Stadt-

rand Toyotas verkauft. Er macht das sehr gut, wie alles, was er in seinem Leben gemacht hat.

Aber er ist kein Elefant.

Der bedauernswerte Tropf mit den dicken Brillengläsern, der Computerfreak, der so aussieht wie Bill Joy und in der achten Klasse der Highschool einhundert oder 320 Pfund wiegt – das sind die Typen, die heute mit emporgerecktem Rüssel den Berg hinuntertrampeln, konkurrierende Betriebssysteme aufkaufen und mit modernster Technologie völlig neue Wege gehen.

Wenn Sie Zweifel daran haben, sollten Sie sich einmal ein Bild von William Gates aus jener Zeit ansehen, bevor er feststellte, dass jemand DOS erfunden hatte und er es für einen Bruchteil des eigentlichen Werts kaufen konnte. Sehen Sie sich diesen Gesichtsausdruck an, die Haut, das wirre Haar, das wie ein Wald aus Redwoods in die Höhe ragt. Könnte das ein heranwachsender Babyelefant sein?

Aber natürlich. Gates war ein kleiner Elefant.

Und Sie waren keiner. Sie haben sich weiterentwickelt und verändert und sich selbst am Riemen gerissen und sind heute ein hoch qualifizierter, kompetenter Mensch, der Rücksicht auf seine Umgebung nimmt. Der Elefant dagegen war von Anfang an nicht in der Lage, etwas aus sich zu machen. Er war er selbst, und das war alles. Und daher mussten sich die anderen an ihn anpassen.

Roger Ackerman, CEO von Corning, sagt, er wisse, was Stress sei, seit er auf dem Garden State Parkway in der Nähe von Newark, New Jersey, in einer engen Kabine gesessen und Mautgebühren kassiert habe. Er nahm das Geld entgegen, lächelte und träumte von der endlosen Weite Amerikas.

Tony La Russa, Manager der St. Louis Cardinals und vielleicht einer der größten Intellektuellen im Baseballgeschäft, arbeitete als Windelfalter in der Firma, die seine Jugendmannschaft sponserte.

Es heißt, der Buddha habe eine Weile Farbbänder für IBM-Schreibmaschinen am Telefon verkauft. Das war zu Beginn des Computerzeitalters. Niemand hatte noch Schreibmaschinen. Niemand brauchte Farbbänder. Es war eine derart sinnlose Tätigkeit, dass der Buddha dadurch einen ersten Eindruck von dem bodenlosen Nichts bekam, das allem Sein zu Grunde liegt. Das hat ihm später sehr geholfen.

Denn letzten Endes sind *nur* Schreibmaschinenfarbbänder wichtig.

Also beruhigen Sie sich. Spüren Sie die Leichtigkeit des Seins. Und seien Sie doch nicht so verkrampft.

BUDDHA-WEISHEIT

▶ Arbeiten nur um des Arbeitens willen ist ungesund. Der Elefant ist an einem Punkt angekommen, an dem er es nicht mehr nötig hat zu arbeiten. Er lässt andere für sich schuften. Die Tatsache, dass Sie willig und fähig sind, die eigentliche Arbeit zu verrichten, gibt Ihnen eine ungeheure Macht über die Kreatur, die auf keinen Fall je wieder damit anfangen will.

Sie lernen den Elefanten kennen

Eine Nachtigall schlägt auf einem Zweig,
warm scheint die Sonne, sanft weht der Wind,
die Weiden grünen.
Dort steht der Ochse, wo könnt' er sich verbergen?
Das herrliche Haupt, die stattlichen Hörner,
kein Maler kann solches je malen.
Text zum dritten der zehn Ochsenbilder, Japan, zwölftes Jahrhundert[3]

Wenn du es nicht nett sagen kannst, sag es lieber gar nicht.
Ihre Mutter

Wenn Sie ein guter Schüler sind, kennen Sie den Elefanten, bevor er in Ihr Büro kommt und Ihnen nach Erdnussbutter schmeckende Feuchtigkeit ins Gesicht prustet. Sie kennen ihn, weil Sie ihn studiert und sich auf die Begegnung mit ihm vorbereitet haben – *bevor* er kommt. Und das ist gut.

Doch vielleicht gehören Sie ja auch zu den Unglücklichen, deren Elefant plötzlich aus dem Nichts auftaucht, nach einer Fusion oder einem firmeninternen Putsch. Womöglich sind Sie auch ein derart oberflächlicher und dummer Mensch, dass Sie nichts über den Elefanten in Erfahrung gebracht haben, als Sie Zeit dazu hatten, und ihn daher beim ersten Treffen genau beobachten müssen.

Egal, zu welcher Gruppe Sie gehören: Wenn Sie kein kompletter Trottel sind, tun Sie gut daran, plötzliche Bewegungen oder laute Geräusche zu vermeiden. Elefanten mögen in der Regel weder das eine noch das andere. Bei der ersten Begegnung ist vor allem eines angesagt – Ruhe.

Sehen Sie sich den Elefanten an. Beschnuppern Sie ihn. Aber sagen Sie nichts. Tun Sie nichts. In diesem Nichts liegen alle Möglichkeiten, die Sie sich wünschen können. Der Zeitpunkt wird kommen, an dem Sie handeln müssen. Aber nicht jetzt.

Zugegeben, Sie lassen die Gelegenheit, Eindruck auf den Elefanten zu machen, ungenutzt verstreichen. Na und? Die Zeit hat keinen Anfang und kein Ende für jemanden, der in der Lage ist, ihr Auf und Ab zu spüren. Außerdem könnte der Elefant einen negativen Eindruck von Ihnen bekommen, wenn er sich gleich beim ersten Mal ein Urteil über Sie bildet.

Das wäre gar nicht gut. Aber möglich. Sogar wahrscheinlich. Denn der Elefant neigt dazu, erst einmal alles schlecht zu finden. Wenn Sie ihm auffallen, werden Sie ihm aller Wahrscheinlichkeit nach auf die Nerven gehen.

Sie existieren für den Elefanten gar nicht, also ist es egal, ob Sie etwas sagen oder nicht. Und Schweigsamkeit steht nicht unter Strafe. Ein junger Mönch berichtete, dass er Martha Stewart viermal über den Weg laufen musste, bis sie ihn beim fünften Aufeinandertreffen wiederzuerkennen schien. Das ist nichts Ungewöhnliches.

Bei einer geschäftlichen Besprechung in Los Angeles hatte der Buddha eine ähnliche Begegnung mit einem Topmanager, dessen Porträt regelmäßig die Titelseite des *Wall Street Journal* ziert. »Ist euch schon einmal aufgefallen, dass dieser Manager jeden, den er trifft, als ›Mann‹ oder ›Typ‹ oder ›Schätzchen‹ und manchmal sogar als ›Kerl‹ bezeichnet?«, fragte der lächelnde Buddha seine Gesprächspartner kopfschüttelnd. »Das tut er nur, weil er keine Ahnung hat, mit wem er spricht. Wir sind ihm alle egal. Und das gibt ihm mehr Macht als jedem anderen in diesem Restaurant.«

Sie sind Teil der Luft, die den Elefanten umgibt. Windstille ist besser als ein Sturm, finden Sie nicht auch? Daher sollten Sie nicht derjenige sein, der einen Wetterumschwung verursacht. Die Zeit wird kommen … aber das dauert noch.

BUDDHA-WEISHEITEN

▶ Versuchen Sie, intelligent auszusehen. Das kann manchmal schwierig sein, selbst wenn Sie intelligent sind. Ein guter Trick für solche Gelegenheiten besteht darin, an etwas Weltmännisches, Faszinierendes oder Pikantes, unter Umständen sogar leicht Verruchtes zu denken und dann so zu tun, als würde es Ihnen gleich über die Lippen kommen, wenn Sie es nicht aus Gründen, die nur Ihnen selbst bekannt sind, verhindern würden. Denken Sie zum Beispiel Folgendes: »Ein rationaler Ansatz für den freien Markt kombiniert ein gewisses Maß an Engagement für Laisser-faire-Kapitalismus mit dem grundlegenden Glauben daran, dass jegliches Handeln dem Gemeinwohl dienen muss.« Alternativ können Sie auch an einen großen Teller Sushi denken, auf dem etwas liegt, das Sie nicht so recht identifizieren können, aber um der guten Geschäftsbeziehungen zu Ihrem japanischen Gastgeber willen essen müssen. Konzentrieren Sie sich darauf. So lange Sie an ein konstruiertes Gebilde dieser Art denken, werden Sie intelligent aussehen. Später wird der Elefant dann an die Besprechung zurückdenken und sich fragen: »Wer war eigentlich diese intelligente Person, die kein Wort gesagt hat?« Es kann natürlich sein, dass er gar nichts denkt, aber das ist dann auch in Ordnung.

▶ Sehen Sie dem Elefanten in die Augen. Das ist ein wichtiger Bestandteil effektiven Schweigens. Wenn Sie nichts sagen und keinen Blickkontakt herstellen, haben Sie es sich mit dem Elefanten verscherzt. Es könnte sogar sein, dass Sie noch gar nicht so weit sind, dieses Buch zu lesen. Geben Sie es einem Freund, der es verdient hat, und setzen Sie sich so lange unter einen Baum im Park, bis Ihr Hosenboden nass ist.

▶ Wenn Sie angesprochen werden, lesen Sie das nächste Kapitel. Nein, lesen Sie es auf jeden Fall. Jetzt. Sofort.

So begrüßen Sie den Elefanten

Zuerst fiel mir auf, wie klein er war, und wie erstaunlich adrett und klein seine Schuhe waren, wie die Schuhe einer Schaufensterpuppe in einem Kaufhaus. Und wie er auf Zehenspitzen in eine Besprechung ging, als hätte er Angst, sich einen Knochen in seinen Füßen zu brechen. Dann nahm er meine Hand. Sein Händedruck war fest, so fest, dass es fast schon wehtat. Als er mir in die Augen sah, schien er zu bemerken, wie sonderbar ich ihn fand. Wir sind nie sonderlich gut miteinander ausgekommen. Ich arbeite lieber nicht für jemanden, dessen Wahrnehmungsvermögen so stark entwickelt ist.

Ein ehemaliger Vice President der Westinghouse Electric Corporation über die erste Begegnung mit dem damaligen CEO des Unternehmens.

Elefanten sehen sehr viel. Es ist schwierig, ihnen etwas vorzumachen, aber Sie sollten es trotzdem versuchen. Vor der Begrüßung des Elefanten ist es ratsam, einen Ort großer innerer Ruhe zu finden, aus dem Sie dann gelegentlich mit einer förmlichen, in hohem Grad strukturierten und natürlich passenden Erwiderung auf sich aufmerksam machen.

Aber was gilt als angemessene Begrüßung? Das ist eine Frage, die so alt ist wie die Menschheit und den Weisen das Leben schwer macht, seit der Buddha unter dem Bodhibaum saß.

Damit die Begrüßung, die Sie dem Elefanten entbieten, angemessen ist, muss sie dem Kontext Ihrer Branche, Ihres Unternehmens, Ihrer Bürokultur und – ganz wichtig – dem sozialen Kontext, in dem Sie auf den Elefanten treffen, entsprechen.

Ein Händedruck mit einem kurzen Gruß im Fahrstuhl ist angemessen, ein überschwängliches Bekenntnis Ihrer lebenslangen Bewunderung für den Elefanten nicht. Solche sentimentalen Schmeicheleien wären dagegen völlig in Ordnung, wenn Sie den Elefanten im Waldorf-Astoria bei einem Festessen zu dessen Ehren begrüßen müssten.

Fast genauso wichtig ist es, über das Unternehmen des Elefanten Bescheid zu wissen. Begrüßen Sie beispielsweise eine Führungskraft von General Electric, dann machen Sie nichts falsch, wenn Sie etwas Unverständliches murmeln, kurz die Hand geben und dann mit niedergeschlagenen Augen einen Schritt zurücktreten, um von dem anwesenden Elefanten nicht geblendet zu werden. Damit zeigen Sie Respekt für den Elefanten und das Unternehmen, für das er arbeitet, und lassen erkennen, dass Sie wissen, dieser Elefant könnte auch ein Wolf in einer grauen Lederhaut sein.

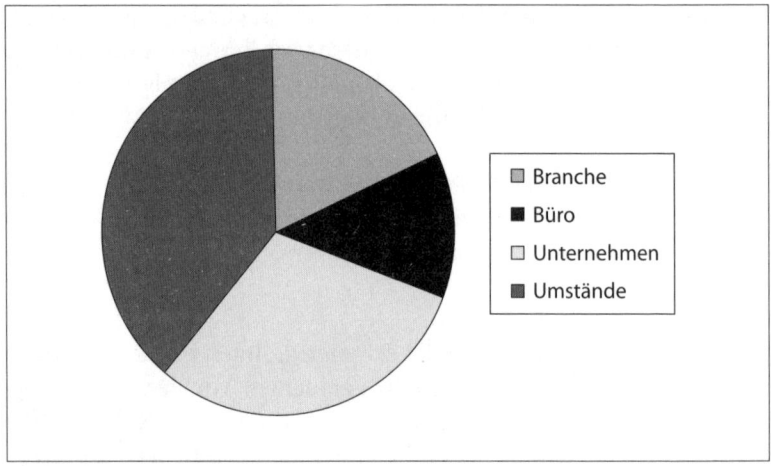

Auch bei den kürzlich in Erscheinung getretenen Inkarnationen der AOLefanten ist ein bescheidenes Auftreten anzuraten. Diese waren lange für ihre Internet-Zwanglosigkeit (und einen offenen Hemdkragen) bekannt, stellen aber inzwischen bei einer großen Bandbreite neuer und interessanter Themen zunehmend großspuriges Auftreten von geradezu microsoftischen Ausmaßen, Wichtigtuerei, Anmaßung und Allwissenheit zur Schau. Allerdings gibt es nur ein Thema, über das sich solche Elefanten gern unterhalten, und das ist die Weisheit und Großartigkeit ihrer Fusion. »Die Fusion war klasse«, können Sie bedenkenlos sagen. Die Elefanten werden Sie beim Wort nehmen und vielleicht sogar fragen, warum Sie das denken, und das ist schon einmal ein guter Anfang für Sie.

Im Gegensatz dazu können Sie bei der Begrüßung eines Elefanten aus der Sportwelt oder dem Showbusiness mit erheblich mehr

Begeisterung vorgehen. In einem solchen Fall machen Sie nichts falsch, wenn Sie das Gesicht des Elefanten mit Seife einschäumen und diese dann mit der Zunge ablecken. Berühmte Elefanten sind eine solche Behandlung gewöhnt und halten ein dezenteres Willkommen für Bosheit, wenn nicht gar Geschmacklosigkeit.

BUDDHA-WEISHEITEN

▶ Begrüßungen müssen eine gewisse Form wahren und einen bestimmten Zweck erfüllen. Sie wollen weder Freundschaft mit dem Elefanten schließen noch diesen beeindrucken. Der Zweck besteht darin, die Begrüßung zu Stande zu bringen, das ist alles.

▶ Fokus. Stille. Funktion. Vertrauen Sie darauf, dass es sich irgendwie ergeben wird, dann wird Ihre Reise schon bald zu Ende sein. Das gilt für die Begrüßung von Elefanten genauso wie fürs Zwiebelschälen oder einen Hattrick im Hockey.

Buddha-Extra:
Vier Begrüßungen, die immer passen

1. Minimal: »Hallo.«
2. Respektvoll: »Hallo, Herr XY.« (Oder Frau XY.)
3. Unterwürfig: »Es freut mich, Sie kennen zu lernen. Ich bin schon seit langem ein großer Fan von Ihnen und bewundere nicht nur Ihren Führungsstil, sondern auch Ihr Golfspiel. Wie schaffen Sie trotz der vielen Arbeit ein Handikap von vier?«
4. Jugendlich-frisch: »Na, was geht ab, Alter?«

Eignen Sie sich die Sprache
des Elefanten an

Lernen Sie das Verkaufsgespräch auswendig, bis es Ihnen aus dem Mund strömt wie Kohlenmonoxid aus dem Auspuff eines Lastwagens.

Vertrauliches Memo der American Continental Corporation
an die Verkäufer der festverzinslichen Wertpapiere, mit denen
Charles H. Keating sein später Pleite gegangenes Hotel Phoenician
finanziert hat

Liebe Crewmitglieder ...
Begrüßung von Disney-Chef Michael Eisner in einem Memo,
mit dem er den Mitarbeitern des Konzerns die Entlassung von
viertausend Mitarbeitern ankündigte

Der Elefant tut zwar so, als wäre er ein geselliges Tier, aber in Wirklichkeit ist er ein Einzelgänger. Man kann ihn zuweilen inmitten einer Menge sehen, doch damit er sich dort wohl fühlt, muss diese Gruppe aus Menschen bestehen, die er sich selbst ausgesucht hat. Nicht der Elefant schließt sich den Menschen an, sondern die Menschen schließen sich dem Elefanten an.

Dieser Hang zur Einsamkeit ist darauf zurückzuführen, dass der Elefant sich über das Verhältnis seiner Ausmaße im Vergleich zu anderen im Klaren ist. Er ist einfach größer, das ist alles. Und das weiß er auch.

Da der Elefant so oft allein ist, entwickelt er eine eigene Sprache, die Sie lernen müssen, wenn die Dressur erfolgreich sein soll.

Einzelne Teile dieser Sprache stammen von den Ahnen des Elefanten, die schon lange auf dem Friedhof liegen. Als Disneys CEO Michael Eisner die Mitarbeiter des Konzerns darüber informierte, dass viertausend zuvor unersetzliche Angestellte entlassen werden sollten, sprach er sie mit »Liebe Crewmitglieder« an. Das klingt vielleicht etwas sonderbar, da zahlreiche Empfänger des Memos aus dem Ensemble geworfen werden sollten und diesen Status in Zukunft nicht mehr haben würden.

Aber so sonderbar war es dann doch wieder nicht. Der Begriff »Crewmitglieder« stammt nämlich von Walt, dem ersten Disney, der ihn in den Anfängen des Studios geprägt und damit jeden gemeint hatte, der für »die Show« arbeitete. Später, als Organisationstheoretiker jenes kleine, totalitäre Herzogtum gründeten, das wir unter dem Namen Disneyland kennen, wurde die Tradition fortgeführt.

Wenn Sie heute einen von Disneys Themenparks besuchen und an einem Verkaufsstand einen Hotdog kaufen oder zusehen, wie Ihr Kaugummipapier von einem jungen Mann mit Weste und Zylinder weggekehrt wird, haben Sie zwei »Crewmitglieder« kennen gelernt, die genauso zur Truppe gehören wie der bedauernswerte Kerl, der sich an einem brütend heißen Sommertag im August in seinem Goofy-Kostüm zu Tode schwitzt.

Jeder, der Elefanten dieses Unternehmens verstehen und dressieren will, tut gut daran, ihre Sprache zu lernen, bevor er versucht, einen der Elefanten dort zu reiten oder sich sogar erkühnt, ihn an seinem Nasenring zu führen.

»Erlerne die Taktik«, sagt der Weise. Die Taktik ist das gesprochene Wort, das in einer strukturierten Form dargeboten wird. Lernen Sie sie. Verwenden Sie sie. Die Taktik ist eine Sprache, die nur aus wenigen Worten besteht, weil Elefanten eigentlich nur fünf oder sechs Themen kennen, für die sie sich zu jeder Tages- und Nachtzeit interessieren lassen.

Die sechsstöckige Hochzeitstorte der Universalthemen von Elefanten (Reihenfolge beliebig)

Golf. Wir werden uns später noch damit beschäftigen, welche Rolle Golf im kosmischen Universum gewisser elefantischer Fantasien spielen kann. Elefanten sind süchtig nach Golf, aber diese Droge führt weder zu Erschöpfungszuständen, noch hat sie schwer wiegende psychologische Folgen. Golf ist einfach ein dämliches Aphrodisiakum, wie Percodan oder Klebstoff. Golfsüchtige denken pausenlos an Golf und nur an Golf. Ja, es ist schrecklich. Aber wenn Sie sich mit Golf auskennen, können Sie sich mit diesen Elefanten unterhalten.

Football. Im Gegensatz zu Golf ist Football kein Lifestyle. Es ist eine Metapher, eine Brille, durch die alle Football-Elefanten die Welt sehen. Probleme im Unternehmen? Da hat man Ihnen wohl eine vor den Latz geknallt. Die Finanzierung klappt nicht? Jemand hat Sie zu Fall gebracht! Der Deal ist fertig, und Sie rechnen mit hohen Gewinnen? Sie sind in der roten Zone, und gleich können Sie der anderen Seite eins auf die Nase geben!

Shareholder Value/Aktienkurs. Die altruistische Seite der Gier. Sie erwirtschaften einen Wert für alle, mit Ausnahme Ihrer selbst, und erst, wenn alle anderen ihren Teil abbekommen haben, sind Sie an der Reihe. Die Sprache, die Sie für dieses Thema lernen müssen, deckt sich weitgehend mit der Wirtschaftssprache, aber es sind gar nicht so viele Begriffe, die ein junger Mönch parat haben muss: Cashflow, KGV, Disagio, glattstellen, Gleitender Durchschnitt usw. Alles Schwachsinn. Die eigentliche Scorekarte läuft jeden Tag über den Börsenticker, und in manchen Firmen ist das alles, worüber sich die Leute unterhalten. Wenn Sie sich damit auskennen, haben Sie einfach die besseren Karten.

Krieg. Militante Elefanten ordnen alles und jedes in die Kategorien Gewinn und Verlust, Kampf auf Leben und Tod, ewige Feindschaft, Loyalität, Verrat und Vergeltung ein. Die Sprache solcher Elefanten strotzt nur so vor Gefühlen. Diese Elefanten müssen Sie lieben, an ihre Freunde müssen Sie sich mit eisernen Ketten festbinden, und mit dem gleichen Eifer müssen Sie ihre Feinde verabscheuen. Tod dem Verräter! Ewiges Leben für alle, die in Erfüllung ihrer Pflicht sterben!

Apfelkuchen, Qualität und der Kunde. Dies ist vielleicht die unerträglichste Sprache von allen, aber im Leiden liegt die Erleuchtung, also konzentrieren Sie sich auf den kleinen Lichtpunkt hinter Ihrer Stirn, und streben Sie nach Ruhe. Auch hier liegt Brahma wie immer im Detail. Marktforschungsstudien, Fokusgruppen und andere pseudowissenschaftliche Messgrößen haben die Oberhand auf diesem verlassenen Planeten, der bis in die Achtzigerjahre hinein recht bevölkert war, seitdem aber vom größten Teil der Flotte im Stich gelassen wurde. Bei dieser Sprache müssen Sie Tabellen auswendig lernen, an virtuell-sozialistischen Umerziehungsprogrammen teilnehmen, bei denen es ausschließlich um Kundenzufriedenheit geht, und dem Elefanten ansonsten beweisen, dass Sie der Sache Ihr Leben gewidmet haben. Lernen Sie, den Kunden, seinen Grad der Zufriedenheit und die damit verbundenen Freuden in den glühendsten Farben zu schildern. Nur so bringen Sie den Elefanten zum Tanzen.

Andere. Jagen, Schießen, Wildwasserfahrten, Briefmarken, Münzen, Oldtimer, das Problem in Dallas, das auf jeden Fall gelöst werden muss, wenn der Deal mit Blitsky laufen soll, Wein, Zigarren, Sexorgien mit kleinwüchsigen Menschen aus dem Zirkus … Egal, woran der Elefant am Morgen denkt, Sie müssen darüber sprechen. Hören Sie ihm zu. Und wenn Sie es fertig bringen, ein Echo auf seine Worte nachzuahmen, und diesem Echo sogar noch etwas hinzufügen können – herzlichen Glückwunsch. Sie sind bereit für eine Antwort. Aber nicht vorher!

BUDDHA-WEISHEITEN

▶ Die Sprache ist das Selbst. Da sich beim Elefanten alles um ihn selbst dreht, beschäftigt sich auch die Sprache, die er spricht, nur mit ihm selbst. Wenn Sie in das ewige, kreisförmige Mandala seiner ichbezogenen Obsessionen einstimmen, sind Sie Ihrem Ziel – der Dressur und Führung des Elefanten – wieder einen Schritt näher gekommen.

▶ Hören Sie mit dem Ohr des Buddhas. Der Elefant spricht … über Wale und darüber, dass sie eine gefährdete Tierart sind … über Zinssätze oder Aktienkurse oder die Kosten für ein Mittagessen in der City oder die Brüste der Flugbegleiterin von letzter Woche. Stellen Sie den Ton leiser. Projizieren Sie Ihre Gedanken in die Atmosphäre dreihundert Meter über dem Elefanten. Was hören Sie? Unsinn. Lautes Trompeten. Die Selbstdarstellung des Elefanten. Und genau darum geht es. Um das Selbst des Elefanten. Das ist das Einzige, das Sie ansprechen müssen. Alles andere ist so unwesentlich wie der Nachtwind in den Bäumen.

▶ Ein Rätsel: Was ist für jeden in höchstem Maße wichtig, aber körperlos und ohne jeden Wert, wenn man ein Elefant ist?

▶ Der Buddha würde Ihnen die Antwort jetzt nicht sagen, aber da es sich bei diesem Sutra um einen Ratgeber handelt, sollen Sie sie auch ohne jahrelange Meditationsübungen erfahren. Die Antwort ist ganz einfach. Sie starrt Sie an, wenn Sie in einen Spiegel sehen. Das, was keinen Raum einnimmt, was keinen Wert hat, der ultimative, transzendente leere Raum … sind Sie. Ihr Selbst. Denn im Gegensatz zum Selbst des Elefanten ist Ihr Selbst vollkommen unwichtig. Es hat keine Bedeutung. Es ist nichts. Vergessen Sie das nicht, wenn Sie beim ersten Versuch einer Annäherung die Sprache des Elefanten lernen.

Sie sind ein leeres Gefäß. Sie sind ein Medium,
durch das alles hindurchfließt. Sie sind nichts.
Was für eine Erleichterung!

Folgen Sie dem Elefanten

Ich hatte keine sexuelle Beziehung mit dieser Frau.
Bill Clinton

Es ist schrecklich, den Verstand zu verlieren … oder gar keinen Verstand zu haben …
Dan Quayle

Es begab sich, dass der Buddha an einem Flughafen verweilte, und zwar an einem Wintertag, der noch gar nicht so lange zurück liegt. Dort wurde er von einem seiner Schüler erkannt, dessen Flug mit US Airways aus Gründen gestrichen worden war, die wohl etwas mit der Technik zu tun hatten, was bei US Airways aus irgendeinem Grund häufiger passiert als bei anderen Fluggesellschaften, vielleicht auf Anweisung einer höheren Macht, die jedem Reisenden die Willkürlichkeit unseres Daseins ins Gedächtnis rufen will. Wer weiß das schon?

Der Schüler, der auf American Airlines umgebucht worden war, näherte sich dem Buddha, der gerade in einem bequemen Sessel in der Lounge für Vielflieger saß, neben sich einen kostenlosen Orangensaft und einen Teller mit Nüssen, und sein Bestes tat, um nicht zu denken.

Nun werden sich einige Leser vielleicht darüber wundern, den göttlichen Meister in einer Umgebung von solch demonstrativer Opulenz wiederzufinden. Es steht Ihnen eigentlich nicht zu, sich darüber zu wundern, aber die Gründe könnten für Sie lehrreich sein, und deshalb sollen Sie sie erfahren.

Erstens verschaffen sich so viele gewöhnliche und sogar ziemlich heruntergekommene Leute Zugang zu den VIP-Lounges in Flughäfen, dass dieser Bereich in Wirklichkeit gar nicht so exklusiv ist, nur etwas ruhiger, was gut ist für alle, sogar für den Buddha. Zweitens hatte der Buddha zu jener Zeit bereits die höhere Bewusstseinsform erreicht, in der er unnötige Selbstverleugnung als eine Art persönlichen Luxus und ein gewisses Maß an Komfort als förderlich für das Verständnis des Kosmos erachtete, so wie es in seinem berühmten Sutra über die Bedeutung ergonomisch korrekter Büromöbel geschrieben steht: »Er, dessen Wirbelsäule vom langen Sitzen auf billigem oder unzulänglichem Sitzgerät verbogen ist, kann seinen Körper nicht für wichtigere Arbeit verlassen.«

Deshalb saß der Buddha in der Lounge für Vielflieger und arbeitete daran, seinen gewohnten Stand der Güte zu erreichen. So. Jetzt wissen Sie, warum.

»Herr«, sagte der Jünger. »Warum streicht die Fluggesellschaft eine Maschine mit mehr als einhundert Passagieren, deren Leben davon abhängt, an das Ziel ihrer Reise zu gelangen? Und es ist nicht das erste Mal, dass US Airways so etwas getan hat! Ich habe den Verdacht, dass man Flüge streicht, wenn diese nicht genügend ausgelastet sind, um Gewinn zu machen!«

Der Buddha lächelte und bot dem jungen Mönch eine Nuss an. »Nimm eine Nuss«, sagte er. Der Geschäftsmönch tat, wie ihm geheißen. Dann fügte der Buddha hinzu, als wäre ihm das eben erst eingefallen: »Elefanten denken nicht über die Konsequenzen ihres Tuns nach. Sie sehen nur die Ziele, die sie ihrer Meinung nach unbedingt erreichen müssen, weil sie gar so großartig, schwer und unfehlbar sind. Und deshalb hinterlässt der Elefant, obwohl er an und für sich ein prachtvolles Tier ist, auf Schritt und Tritt eine Spur der Verwüstung und eine Menge Ausscheidungen, die von den unerfahrenen Elefantenführern beseitigt werden müssen.«

»Aber ist das denn gerecht, Herr?«, wunderte sich der Mönch, der sowohl die Fassung als auch jede Möglichkeit, noch rechtzeitig zu der wichtigen Besprechung in der anderen Stadt zu kommen, verloren hatte. »Sollte denn der Elefant nicht mit den Konsequenzen seines Tuns leben müssen?«

»Gerecht?«, sagte der Buddha, und dann musste er so laut lachen, dass er beinahe an einer Haselnuss erstickt wäre und es eines kräftigen Schlags auf seinen Rücken bedurfte, um ihn zu retten. »Sag so etwas nie wieder«, warnte er den Jünger, als er wieder zu seinem göttlichen Atem gekommen war.

Warum hat William Jefferson Clinton kurz vor Ablauf seiner nicht gerade ruhmreichen Amtszeit noch schnell Marc Rich begnadigt, einen schmierigen, korrupten, international gesuchten Kriminellen mit so gut wie keiner Unterstützung durch die Medien? Hat es Clinton etwas gebracht? Hat er darüber nachgedacht, was er da tut? Hat er überhaupt gedacht?

Warum hat Jerry Levin zum Ärger seiner hoch qualifizierten Mitarbeiter bei der Fusion von Time-Warner und AOL nicht darauf bestanden, dass die Aktionäre von Time-Warner ein paar Anteile mehr an dem neuen Konzern bekommen? Nur wenige Wochen nach Vertragsabschluss ging die Internet-Branche in die Knie, und Levin hätte das siegreiche Online-Unternehmen vermutlich für erheblich weniger Geld übernehmen können. War das klug? Hat er darüber nachgedacht? Oder war er einfach nur ein Elefant, der sich etwas zusammengeträumt hat …?

Warum hat William Gates, der die meiste Zeit über wie ein sehr intelligenter Mensch aussieht, sein Unternehmen durch räuberische Feldzüge und monopolistische Ambitionen gefährdet? Warum haben ein paar Trottel bei Firestone qualitativ minderwertige Reifen für den Einsatz in den Vereinigten Staaten genehmigt, wo so etwas mit Sicherheit ans Licht kommt? Warum haben ganze Heerscharen von angeblich stockkonservativen Investmentbankern und Analysten Business-Pläne und Börsengänge von Internet-Firmen genehmigt, denen auf den ersten Blick anzusehen war, dass sie nur aus Geldgier und Überheblichkeit entstanden sind? Warum hat Richard Nixon ein Tonbandgerät im Oval Office zugelassen, obwohl er dort wie ein Müllkutscher fluchte und Pläne zur Zerstörung seiner Gegner mit zweifelhaften Methoden schmiedete? Warum hat New Yorks Bürgermeister Rudolph Giuliani öffentlich seine Scheidungsabsichten bekannt gegeben, ohne zuvor seine im Umgang mit den Medien sehr geschickte Frau darüber zu informieren? Warum haben viele Unternehmen bis vor kurzem gefährliche Chemikalien in Wohngebieten entsorgt, die in unmittelbarer Nähe zu ihren Fabriken liegen, obwohl sie genau wussten, dass der Giftmüll eines Tages auch den Grund und Boden verseuchen würde, auf dem diese Firmen gebaut worden waren?

Die Antwort auf all diese Fragen: Sie sind Elefanten, alle, ohne Ausnahme. Elefanten sind riesig und haben große, platte Füße, mit denen sie vieles auf ihrem Weg niedertrampeln. Und da sie so viel fressen, neigen sie in der Regel auch dazu, unglaubliche Mengen an Ausscheidungen zu hinterlassen.

Und wer räumt den Mist weg? Der Elefant? Dass ich nicht lache! O nein. Schalten Sie Ihren Nicht-Verstand ein. Die meisten unserer

Aktivitäten – vor allem am Anfang unseres Dienstes – werden hinter dem Elefanten stattfinden. Er erledigt sein Geschäft. Oder manchmal auch gleich mehrere Geschäfte. *Wir* machen hinter den Elefanten sauber. Das ist ein Naturgesetz. Zumindest ein Elefantengesetz.

Zum Trost sei gesagt, dass man den fruchtbarsten Boden dort findet, wo der Elefant gewesen ist. Das ist Ihr Platz, zumindest fürs Erste. Gehen Sie dorthin, und gehen Sie mit Buddha.

BUDDHA-WEISHEITEN

▶ Achten Sie darauf, dass Sie entsprechend angezogen sind. Hinter dem Elefanten ist es ganz schön schmutzig.

▶ Versuchen Sie nicht, diese Bürde auf andere abzuwälzen, es sei denn, jemand möchte Ihren Platz freiwillig einnehmen. Delegieren ist eine Sache. Andere dazu bringen, eine Pflicht zu erfüllen, die Ihnen obliegt, widerspricht dem Zen.

▶ Wenn diese Aufgabe Sie mit Scham oder Wut erfüllt, haben Sie noch die Last Ihres Selbst zu tragen und sind daher nicht in der Lage, Fortschritte zu machen. Bei dieser Arbeit gibt es keine Scham, denn schämen kann man sich nur, wenn man noch ein Selbst hat. Sie haben keins mehr. Nur Mut! Erledigen Sie es mit stolz erhobenem Kopf, es sei denn, Sie müssen sich bücken, um etwas aufzuheben.

▶ In der Arbeit finden wir Buddha. Dabei ist vollkommen egal, was für eine Arbeit das ist.

So füttern Sie den Elefanten

Einen Tiger kann man nur besänftigen, indem man sich von ihm fressen lässt.

Konrad Adenauer

Wenn das Rad sich dreht,
knirscht die Leere mit den Zähnen.

Daito Kokushi, japanischer Zen-Meister (1282–1338)

Das Rad dreht sich. Die Leere knirscht mit den Zähnen. Und wenn Sie nicht aufpassen, kleine Blume kurz vor der ersten Knospe, werden Sie von dieser Leere verschluckt. Verschluckt werden ist eine sehr unangenehme Erfahrung, die man unter allen Umständen vermeiden sollte. Die Macht des Dharmas, der Lehre Buddhas, kann Ihnen dabei helfen, ein solch unerfreuliches Erlebnis zu vermeiden, das Ihnen von anderen oder von den Überbleibseln Ihres allzu hartnäckigen Selbst droht.

Diese Leere zu füttern ist eines der ersten Dinge, die Sie lernen müssen, wenn Sie auf dem eingeschlagenen Weg weitergehen wollen, denn nur jemand, der die Fütterung des Elefanten gemeistert hat, kann versuchen, ihn zu dressieren.

Elefanten fressen nicht so schnell wie Wölfe oder Tiger. Es sind gewaltige Tiere, deren Appetit von ihrer Größe und der jeweiligen Tageszeit abhängt. Aber in jedem Elefanten befindet sich eine gigantische Leere, die gefüttert werden muss. Von Ihnen. Bevor Sie nun aber losrennen und den größten Wok der Welt kaufen, sollten Sie einen Moment innehalten und sich konzentrieren. Setzen Sie sich hin, wenn Sie aus irgendwelchen Gründen nicht schon sitzen. Atmen Sie. Überlegen Sie. Ah! Jetzt verstehen Sie es, nicht wahr?

Sie sollen nicht den Magen des Elefanten füttern, meine kleine, gegrillte Garnele. Das kann er sehr gut selbst tun. Nein, Sie sollen sein Ego füttern, seine Fantasie, seinen Ehrgeiz, seine Hoffnungen – und auch seine Ängste, wenn Ihnen das einen Vorteil verschafft. Sie sollen die Seele des Elefanten füttern.

Ja, mein Küken. Es stimmt. Elefanten haben eine Seele, und ihre Seelen sind nie größer als zum Zeitpunkt ihrer Fütterung! Also füttern Sie sie! Und zwar gut und häufig! Denn wenn Sie es nicht tun, wird der Elefant

1. Nahrung von anderen Elefantenführern annehmen, was natürlich Ihre Autorität in Frage stellt, oder
2. Sie fressen.

Doch mit was sollen Sie den Elefanten füttern? Das ist eine gute Frage! Es gibt so viele Möglichkeiten, denn Elefanten sind Allesfresser. Die genaue Zusammenstellung der Nahrung und der Zeitpunkt der Fütterung scheinen vom jeweiligen Elefanten abzuhängen. Was will er fressen? Und wann will er es fressen? Das festzustellen kann unter Umständen sehr schwierig sein, und auch das Tier selbst weiß vielleicht gar nicht, was es haben will. Der Elefant, der an einem Morgen mit einem Stapel geschönter Zahlen und Käse sehr zufrieden schien, kann am Nachmittag schon nach harten Fakten und quantifizierbaren Maßnahmen trompeten. Und das wollen Sie doch nicht, oder?

Sie wollen, dass der Elefant berechenbar, fügsam und irgendwann einmal klug wird. Dieses Ziel können Sie mit der richtigen Fütterung erreichen, aber wenn Sie dabei Fehler machen, wird es Chaos und unerwünschte Veränderungen geben.

Im Folgenden nun einige ernährungstechnische Richtlinien, die mit Ausnahme sehr ungewöhnlicher Elefanten auf alle Exemplare dieser Spezies zutreffen.

Morgens: Bieten Sie ihm bei Tagesanbruch zusammen mit dem Heu eine Auswahl Informationen in Form von Zeitungsausschnitten, Faxen, Memos, Telefonprotokollen sowie die traditionelle Handfütterung mit Datenbrocken an. Nicht alles, was Sie ihm geben, muss süß und saftig sein. Selbst wenn das, was gerade zur Hand ist, bitter und schwer zu schlucken ist, müssen Sie es dem Elefanten offerieren. Schweigen ist die einzige Kost, mit der man einen Elefanten nicht ernähren kann, denn Schweigen kann die Leere nicht füllen und den Elefanten nicht am Zähneknirschen hindern.

Später Vormittag: Geben Sie dem Elefanten einen kleinen Snack aus guten Nachrichten über ihn selbst oder schlechten Nachrichten über andere. Häufig genügt dies bis zum Mittagessen.

Mittags wird Ihr Elefant oft dort grasen, wo es ihm gefällt, sodass keine weitere Unterstützung Ihrerseits erforderlich ist, wenn das Tier in Gesellschaft anderer großer und kleiner Elefanten seine Spaghetti schlürft oder sich durch einen gemischten Salat von der Größe Colorados pflügt.

Wenn er jedoch kein beliebter Elefant ist oder dazu neigt, sich abzusondern, ist ein freundliches Fax, eine positive E-Mail oder ein kurzer Besuch des einsamen Dickhäuters, der hinter seinem Schreibtisch sitzt und ein Sandwich verdrückt, durchaus ratsam. Zu dieser Zeit oder am frühen Nachmittag, wenn der Elefant nach einem Grund sucht, kein Mittagsschläfchen zu halten, kann ein kleiner Witz Wunder wirken.

Irgendwann während des Tages – dies kann am frühen Morgen sein oder am späten Nachmittag – wird der Elefant eine großzügig bemessene Ration Fleisch verlangen. Diese besteht in der Regel aus einer wüsten Auseinandersetzung, einer viel versprechenden Gelegenheit oder einer drohenden Gefahr, auf die er reagieren muss. Seien Sie vorsichtig, wenn Sie sich dem Elefanten zu diesem Zeitpunkt nähern. Es ist die wichtigste Fütterung des Tages, und der Elefant könnte Ihnen den Arm abreißen, wenn Sie diese Aufgabe nicht korrekt erledigen. Wir nennen dies die Geschäftsfütterung, und sie entscheidet sich grundlegend von allen anderen, wie schon im *Dhammapada* geschrieben steht:

> Beim Reden sei vor Zornesworten auf der Hut,
> Sei selbstbeherrscht und zügle deine Zunge gut![4]

Das heißt: Sie dürfen Ihren schwergewichtigen Freund nicht falsch füttern und müssen gleichzeitig auch dafür sorgen, dass er richtig gefüttert wird. Denn einfach nur vorsichtig sein und nichts Falsches tun genügt nicht. Sie müssen das Richtige tun.

Am Ende des Tages – oder am frühen Morgen, falls Ihr Elefant ein Nachttier ist – können Sie auch anderen erlauben, den Elefanten zu füttern. Elefanten fressen den ganzen Tag. Ihre Aufgabe besteht darin, dafür zu sorgen, dass die wichtigsten Mahlzeiten des Tages nur von Ihnen – und keinem anderen – verabreicht werden.

BUDDHA-WEISHEIT
Vorschlag für einen Fütterungsplan

Zeitpunkt	Art	Zweck
1. Fütterung, 6.30 Uhr	Rasches Update (Voice-Mail)	Zeigt, dass Sie früh aufstehen und an die Bedürfnisse des Elefanten denken
2. Fütterung, 8.20 Uhr	Kurzer Besuch mit Datenbrocken	Zeigt, dass Sie früh im Büro sind
3. Fütterung, 10.13 Uhr	Gefaxter Cartoon aus einer Tages- oder Wochenzeitung	Zeigt, dass Sie und der Elefant dem Zeitgeist folgen
4. Fütterung, 13.13 Uhr	Bringen Sie ein Bündel Forschungsmaterial vorbei (Elefant ist nicht da)	Zeigt, dass Sie über Mittag durcharbeiten, wenn es sein muss
5. Fütterung, 14.40 Uhr	Kommen Sie noch einmal mit dem Forschungsmaterial, anschließend kurze Diskussion	Zeigt, dass Sie auch penetrant sein können, wenn etwas wichtig ist
6. Fütterung, 16.00 Uhr	Zwangsfütterung des Elefanten (in Kopie, mit Anhang) mit einem dicken Brei aus geschmacklosen, matschigen Änderungen	Zeigt, dass Sie Ihre Arbeit ernst nehmen
7. Fütterung, 17.30 Uhr (Pflicht)	Bieten Sie dem Elefanten ein größeres Problem an, das sofortiger Aufmerksamkeit bedarf und für das Sie natürlich eine Lösung haben	Zeigt, dass Sie mit wichtigen Projekten zu tun haben und unentbehrlich sind für die Lösung von Problemen, von denen der Elefant nur deshalb etwas erfährt, weil Sie ihn darauf aufmerksam machen
8. Fütterung, 19.00 Uhr (bei Bedarf)	Betthupferl	Zeigt dem Elefanten, dass Sie an ihn denken

▶ Wie bereits erwähnt, winziger Drache, sind Sie nur geboren, um ein Schüler dieses und anderer Elefanten zu sein. Finden Sie heraus, was das Tier mag und was es ablehnt. Ein paar Nüsse in der Tasche können Ihnen langfristig gesehen mehr bringen als ein Riesentopf mit Gulasch.

70

Den Elefanten tränken

Mir ist klar geworden, dass es Handschuhe gibt, mit denen man
Dinge tun kann, die mit anderen Handschuhen nicht möglich sind,
beispielsweise die Hand in Salzsäure stecken.
Martha Stewart

Elefanten haben seltsame Bedürfnisse. Sie wollen nicht nur ihre
innere Leere füllen, sondern dürsten auch nach dem Ungewöhn-
lichen. Und Sie, meine kleine, augenlose Kartoffel, müssen diesen
Durst stillen.

Warum sollte Martha Stewart ihre Hand in Salzsäure stecken
wollen? Hat sie nicht genug zu tun? Natürlich hat sie genug zu tun.
Schließlich ist sie Herausgeberin einer Zeitschrift. Und Produzentin
einer Fernsehsendung. Sie ist überall gleichzeitig. Hier stopft sie
kleine Zwiebelchen in ein Spanferkel, dort flicht sie einen Kranz aus
Stacheldraht …

Aber wenn Sie für Martha Stewart arbeiten, müssen Sie sich darüber im Klaren sein, dass sie eben manchmal ihre Hand in ätzende
Salzsäure tauchen möchte. Sie können Martha Stewart nicht einfach
sagen, dass es am besten wäre, wenn sie die Sache mit der Hand
und der Salzsäure schleunigst vergessen würde, selbst wenn es dafür Handschuhe gibt, mit denen es möglich wäre.

Genauso sinnlos ist es, mit Martha Stewart darüber zu diskutie-
ren und ihr vermitteln zu wollen, dass es viele Menschen gibt, die
zeit ihres Lebens nicht ein einziges Mal die Hand in Salzsäure tauchen, und dass sie angesichts ihrer vielen Arbeit nicht diejenige zu
sein braucht, die so etwas tut.

Man erwartet auch nicht von Ihnen, dass Sie anbieten, die Sache
selbst zu übernehmen, denn Martha Stewart will nicht, dass *Sie* ihre
Hand in Salzsäure stecken. Diese Elefantin will es selbst tun.

Ihre Aufgabe ist ganz einfach: Helfen Sie ihr, die Handschuhe zu
finden, und beschaffen Sie eventuell auch noch die Salzsäure.

Wenn die Elefantin die Handschuhe findet und weiß, dass die
Salzsäure bei Bedarf parat ist, falls ihr wieder einmal danach sein

sollte, die Hand hineinzustecken, wird sie wissen, dass sie bereit ist für das Unmögliche. Und Sie, o Unsichtbarer und Unbedeutender, haben Ihre Aufgabe erfüllt.

BUDDHA-WEISHEITEN

▶ Stellen Sie den Durst des Elefanten nicht in Frage. Es gibt viele Wünsche, die nur jenen Wesen mit Stoßzähnen bekannt sind. Elefanten leben nicht vom Futter allein.

▶ Löschen Sie seinen Durst, und der Elefant wird Sie mehr lieben, als wenn Sie ihn jahrelang mit den ausgesuchtesten Tischabfällen füttern würden.

Polieren Sie die Stoßzähne
des Elefanten

Aus irgendeinem Grund halten mich die Leute für einen Glücks-
pilz. Auf der Straße kommen manchmal Menschen auf mich zu und
wollen mich berühren.

Donald Trump

Plötzlich fällt mir auf, dass er zurückgeblieben ist und den Arm um
meinen Betriebsleiter gelegt hat. Er hat ihn sozusagen dazu ver-
führt, seiner Marke mehr Geschmackstoffe zuzufügen. Er war einfach aggressiver und aufdringlicher als alle anderen.

Der Produktionschef von Frito-Lay über seinen Chef, Roger Enrico,
den zukünftigen Leiter von Pepsi, als dieser Mitte der Siebzigerjahre
noch im Geschäftsbereich Snacks des Unternehmens arbeitete

Elefanten! Sie machen sich immer so schmutzig! Es liegt in ihrer
Natur, das zu tun. Der Elefant ist schmutzig, weil er so viele Geschäftsreisen macht. Er ist schmutzig, weil bei seiner intensiven
und unaufhörlichen Erschaffung eine Menge Dreck anfällt. Er ist
schmutzig, weil er den Arm um so viele Schultern legt, wenn er Ratschläge und Befehle bekommt und erteilt, seine Hand in so viele andere, bevor es Abend wird. Der Elefant bewegt sich den ganzen lieben Tag lang im Windschatten der Schöpfung! Wie soll er da ohne
Ihr Zutun sauber und frisch bleiben?

Für Sie als Junior-Elefantenführer besteht der nächste Schritt auf
dem Weg zum Licht darin, Ihr Tier von Schmutz und Ruß zu befreien, sowohl psychischem als auch realem.

Das ist nicht einfach. Elefanten fassen alles an, und alle Menschen fassen den Elefanten an. Selbst ein großer Grauer wie Donald
Trump, der sich wiederholt über die unhygienischen Bedingungen
des Händeschüttelns beklagt hat und es so weit wie möglich vermeidet, kann dem Schmutz der Welt nicht ganz entgehen.

»Die ganze Welt ist ein Feuerschlund; in welchem Geisteszu-
stand kann man der Verbrennung entgehen?«, hat schon Kao-feng
gesagt.

Selbst für erfahrenere Zen-Anhänger als Sie ist das eine knifflige Frage. Es gibt nur eine geistige Haltung, in der Feuer ohne Asche verbrennt und Elefanten berührt werden können, ohne dass man gleich bis über beide Ohren im Dreck versinkt: das Zen. Denn es steht geschrieben: »Nur die Zen-Badewanne hat keinen Schmutzrand.«

Aber wie kommt man so nahe an einen Elefanten heran, dass man ihm die Stoßzähne polieren oder ihn gründlich mit Wasser abspritzen kann? Dieser auf den ersten Blick recht einfache Prozess gliedert sich in folgende Bestandteile:

▶ Nähern Sie sich dem Elefanten
▶ Weisen Sie ihn auf den Schmutz hin
▶ Bieten Sie ihm an, den Schmutz zu entfernen
▶ Entfernen Sie den Schmutz

Aber ganz so einfach ist es nun auch wieder nicht. Die Säuberung eines Elefanten ist ein intimer Akt, selbst wenn Sie nur zum Besen greifen und ihm damit die Hinterbacken abschrubben.

Dieses Konzept lässt sich vielleicht am besten anhand einer Grafik verdeutlichen.

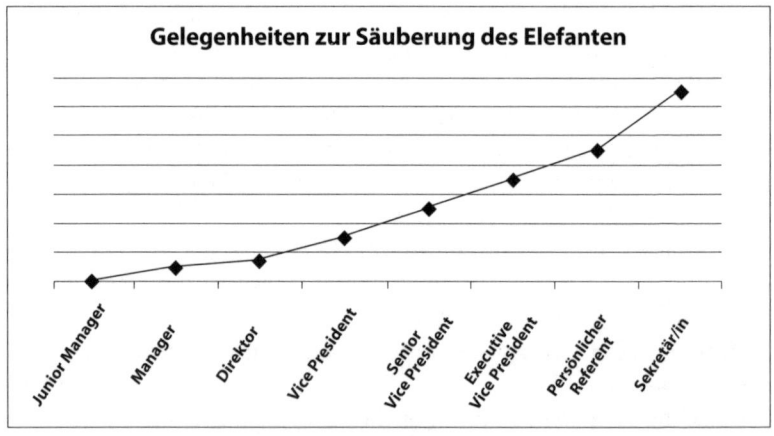

Sie, kleiner Spatz, haben also sehr wenig Gelegenheit dazu, während sich jenen, die als persönlicher Referent oder Sekretär/in in unmittelbarer Nähe des Grauen arbeiten, zahllose Gelegenheiten bieten, so viele in der Tat, dass sie sich vermutlich darüber ärgern.

Sie dagegen müssen das Beste aus Ihren Möglichkeiten machen. Halten Sie dabei folgende Reihenfolge ein, und handeln Sie im Sinne des Zen.

Warten Sie, während Sie nicht warten. Es ist Ihrer unwürdig, auf eine Gelegenheit zur Säuberung des Elefanten zu warten. Daher werden Sie nicht warten, und die Gelegenheit wird sich bieten, vor allem, wenn Sie Consultant sind. Wenn die Zeit gekommen ist:

Entfernen Sie ein Haar. Wenn der Elefant sich umdreht und so aussieht, als wollte er Sie gleich mit seinen Stoßzähnen durchbohren, sagen Sie einfach:»Haar.« Dann treten Sie einen Schritt zurück. Wird dies akzeptiert, können Sie zum nächsten Schritt übergehen:

Wischen Sie ein paar Schuppen weg. Aber nur, wenn Sie auch welche sehen. Dies ist häufig die erste größere Tat einer jungen Reinigungskraft, die Ihnen bis auf ein paar völlig übergeschnappte Elefanten kaum ein Tier übel nehmen wird, insbesondere, wenn es einen dunklen Anzug trägt. Bei dieser Aktion handelt es sich allerdings um eine äußerst diffizile Angelegenheit, die im richtigen Augenblick durchgeführt werden muss. Aber planen Sie nicht! Planen widerspricht dem Zen! Handeln Sie einfach, wenn Sie die Schuppen sehen, ohne darüber nachzudenken. Anschließend machen wir wie folgt weiter:

Der Fleck auf der Krawatte. Sie können Ihre eigene anbieten, aber nur spontan. Vorher sollten Sie sich jedoch vergewissern, dass Ihre Krawatte für den Elefanten geeignet ist. Es steht geschrieben, dass einmal ein junger Mönch zusammen mit einem Freund und Konkurrenten im Unternehmen einem Elefanten zu Diensten war. Dieser Elefant bekleckerte kurz vor einer wichtigen Besprechung seine Krawatte. Der erste Mönch, der reinen Geistes war und tief bewegt über die Gelegenheit, die sich ihm bot, nahm seine Krawatte ab und bot sie dem Elefanten feierlich an.»Das ist die hässlichste Krawatte, die ich je gesehen habe«, sagte der Elefant.»Wollen Sie stattdessen meine nehmen?«, fragte der andere Mönch, der ebenso reinen Geistes war und für seine Tat in keinster Weise kritisiert werden kann. »Okay«, antwortete der Elefant und band sich die zweite Krawatte um. Im gleichen Jahr noch wurde der zweite Mönch befördert, der erste jedoch nicht.

Der Botengang. Zahnseide besorgen … den Friseur abholen … Keine Aufgabe ist zu klein, weil klein und groß nicht existieren, es ist alles ein und dasselbe. Der kleine Käfer, der dem Elefanten ein Stück Zucker bringt, ist oft höher angesehen als das Minimammut, das ihm eine aus sechzig Seiten bestehende Power-Point-Präsentation mit deprimierenden Zahlen vorführt.

Ganzkörperwaschung. Ab und zu für alle Elefanten an der Spitze von Unternehmen und natürlich auch Parteien erforderlich. Aber für so etwas sind Sie noch nicht bereit! Zügeln Sie Ihre Ungeduld!

BUDDHA-WEISHEITEN

▶ Beschränken Sie sich darauf, dem Elefanten die Stoßzähne zu polieren, und überlassen Sie diffizilere Arbeiten jenen, die in der großen Kette des Lebens™ weiter fortgeschritten sind.
▶ Arbeiten Sie zielgerichtet. Machen Sie nichts sauber, das Sie nicht erreichen, sonst könnten Sie in den Eimer fallen.

Machen Sie dem Elefanten Komplimente: 1. Stufe

Man braucht nur einen Narren für seinen Witz oder einen Knappen für seine Ehrlichkeit zu loben, und schon ist man sein bester Freund.

Der Schriftsteller Henry Fielding

Donald Trump nennt sich gern selbst »The Trumpster« ... Am Sitz seines Unternehmens hängen unzählige Titelbilder von Zeitschriften, auf denen Trump oder jemand, der ihm verblüffend ähnlich sieht, abgebildet ist.

Kritik zu The New Gilded Age *in* USA Today

An einem schönen Sommerabend wurde der neben dem Wasserspender stehende Buddha von einem jungen Vice President angesprochen. »O Göttlicher!«, sagte der Vice President. »Ihr seht wie das blühende Leben aus! Ihr seid die Vortrefflichkeit in Person. Wie wundervoll und aufregend, in Eurer Gegenwart sein zu dürfen! Kann ich Euch etwas bringen?«

»Ja«, antwortete der Buddha. »Ich hätte gern eine Pepsi Light.«

Nachdem der Schmeichler davongeeilt war, um das Getränk zu beschaffen, näherte sich einer von Buddhas Managern und fragte den Meister mit angewidertem Gesichtsausdruck, warum er das Angebot des jungen Wurms akzeptiert habe.

»Warum nicht?«, antwortete der Buddha. »Ich will eine Pepsi. Und die kann er mir genauso gut bringen wie du. Er ist mit Sicherheit so trefflich für diese Aufgabe qualifiziert wie du.« Dann lachte der Buddha laut und fügte hinzu: »Und jetzt bring mir die Zahlen fürs erste Quartal.«

Der Elefant wird von jenen hofiert, die vor ihm zittern. Das steht ihm zu. Es gibt Elefanten, die behaupten, sie würden auch Meinungen schätzen, die nicht mit der ihren übereinstimmen, und jene tolerieren, die ihnen widersprechen. Aber diese Elefanten lügen, entweder bewusst oder unbewusst. Einige Wahrheiten für Anfänger:

▶ Elefanten haben eine Menge Ideen. Sie sind begeistert von ihren Ideen, zumindest am Anfang, und haben es gar nicht gern, wenn diese Ideen von ihren Elefantenführern objektiv beurteilt werden.

▶ Weil sie so groß sind, brauchen sie auch große Mengen Lob.

▶ In jedem Elefanten, egal, wie großartig und zuversichtlich er sich gibt, steckt ein deprimierter, hässlicher, kleiner Elefant, der Bestätigung braucht.

▶ Elefanten sind außen etwas zäh und innen butterweich, wie ein auf den Punkt gebratenes Rinderfilet.

▶ Viele Elefanten mussten früher, als sie noch auf dem Weg zu ihrem göttlichen Status waren, den größeren Elefanten, die für ihr Schicksal verantwortlich waren, um den Rüssel gehen. Und jetzt, wo sie in einer Position sind, in der sie so etwas verlangen können, erwarten sie die gleiche Behandlung von den kleinen Menschen, die ihnen zu Diensten sind.

Carly Fiorina ist vor einigen Jahren Chefin von Hewlett-Packard geworden. Aber sie ist nicht immer Chefin gewesen. Es gab eine Zeit – und das ist noch gar nicht so lange her –, da musste sie zu einem Elefanten aufsehen, weil sie damals noch bei Lucent Technologies arbeitete, was rückblickend gesehen natürlich ein Fehler war.

Als sich die Möglichkeit bot, bei HP zu Elefantenstatus zu kommen, suchte sich Ms Fiorina ein wichtiges Mitglied der Vorstandsetage von Hewlett-Packard aus – Dick Hackborn, der früher Vice President gewesen war und das erfolgreiche Desktop-Printer-Geschäft des Unternehmens aufgebaut hatte. Bei der zweiten Besprechung mit Hackborn sagte die aufstrebende Elefantin, dass sie ihn als Chairman haben wolle, falls sie je CEO von HP werde. »Das war für mich eine Riesenüberraschung«, sagt Hackborn, der von dem Kompliment gerührt war. Wer von uns wäre das nicht? Als Fiorina dann tatsächlich Hackborns Unterstützung brauchte, half er ihr gern.

Wehren Sie sich nicht gegen den Impuls, dem Elefanten ein Kompliment zu machen. Sie haben ganz Recht. Er erwartet es. Und schätzt es. Er wird Ihnen alles glauben, was einigermaßen vernünftig klingt (aber auch das, was weniger vernünftig klingt). Sicher, es gibt Leute, die es ablehnen, einem Elefanten Komplimente zu machen. Ein solcher Impuls ist jedoch nur ein Ausdruck des Selbst und sollte zurückgedrängt werden.

BUDDHA-WEISHEIT

▶ Wie immer sollten Sie diese Tat vollbringen, ohne dass man es Ihnen anmerkt. Wenn der Elefant in seinem Rückspiegel sehen kann, was Sie tun, sind Sie zu nah dran.

Freuen Sie sich mit dem Elefanten, wenn er glücklich ist

Joy Covey gesellte sich letztes Jahr bei einem Restaurantbesuch in Seattle anlässlich des Börsengangs von Amazon (dem ersten einer Internet-Firma) zu ihrem Chef auf den Fußboden und bestritt eine Runde Beindrücken mit ihm. Sie gewann.
Aus Fortune

Joy Covey kannte ihren Elefanten sehr gut – gut genug, um zu wissen, dass es den glücklichen, kleinen Bezos nicht sonderlich stören würde, wenn seine Finanzleiterin beim Beindrücken gegen ihn gewann. Wenn der Elefant Spaß haben will, sollte man sich nicht davon distanzieren, sondern einfach mitmachen. Dies gilt allerdings nicht für regelmäßig angesetzte Vergnügungen wie Golf oder Überprüfungen des Budgets anderer, sondern eher für spontane, ausgelassene Feiern, bei denen man dem Elefanten durch geteilte Freude näher kommt.

Der Anlass ist unwichtig. Als er noch jünger war, diente der Buddha bei seinen zahlreichen Reisen auf der Suche nach Erleuchtung unter vielen Elefanten, welche sich riesig über Zeitungsberichte freuten, die dem guten Ruf ihrer Konkurrenten oder – in Los Angeles – sogar ihrer Freunde schadeten. »Hier«, rief der Buddha dann aus und reichte dem Elefanten des Tages einen Artikel aus *Variety*. »Das wird Ihnen gefallen.«

Dem Elefanten gefiel es tatsächlich. Auch am Buddha fand er plötzlich Gefallen. Und das kann nie schaden.

Der Umgang mit dem glücklichen Elefanten ist ganz einfach. Der Chef eines Unternehmens an der amerikanischen Westküste trank gern Scotch und spielte dann auf dem Klavier Jazz. Seine Mitarbeiter mussten nur trinken und singen. Es gibt sicher schwierigere Aufgaben.

Aus Freude darüber, dass er seinen Co-CEO John Reed aus der Leitung des Unternehmens verdrängt hatte, veranstaltete Sanford Weill von Citigroup eine große Party, bei der er sich als Moses verkleidete und den Sieg über den Pharao feierte. Alle Anwesenden brauchten nichts weiter zu tun, als zu lachen. Und zu trinken natürlich.

Wenn der Elefant tanzt, ist sehr häufig Alkohol mit im Spiel. Was tut Ihr Elefant, wenn er vor Freude überschäumt? Können Sie es einrichten, da zu sein, wenn es so weit ist? Da zu sein ist die erste Regel des Dienstes im Sinne des Zen. Man kann nichts effektiv nicht machen, wenn man nicht da ist, um es nicht zu machen.

Es gibt allerdings auch gewisse Gefahren, wenn der Elefant in dieser spielerischen, ausgelassenen Stimmung ist. Wenn er vor Freude wild um sich schlägt und lustige Geräusche macht, muss man einen Schritt zurücktreten, um nicht zertrampelt zu werden.

Vor einigen Jahren scharten sich bei einem Abendessen im Stadtzentrum von Chicago mehrere Seniormönche, die dem Buddha wohl bekannt waren, um zwei der großen Elefanten, welche zu diesem Zeitpunkt das Leben der Mönche regierten. Einer der beiden wollte sich in der Zentrale des Unternehmens auf den Elefantenfriedhof zurückziehen. Der neue Elefant war gekommen, um seinen Platz einzunehmen. Nach vielen Trompetenstößen und dem ausgiebigen Konsum alkoholhaltiger Getränke stieß der schon etwas angetrunkene Elefant, der seinen Abschied gab, den Tisch im Restaurant um und zertrümmerte dabei antike Möbel im Wert von einhunderttausend Dollar. Wenn an diesem Abend nicht einer seiner Elefantenführer als Fahrer dabei gewesen wäre, hätte niemand mit der herbeigerufenen Polizei verhandeln können, und die gesamte Führungsetage des Unternehmens wäre auf der Stelle verhaftet worden!

Auch Sie können in solchen Situationen im Sinne des Zen handeln, ohne gleich als Inkarnation des Spielverderbers dazustehen. Gehen Sie auf Distanz, wenn der Lärmpegel anschwillt. Handeln Sie, wenn die Situation außer Kontrolle zu geraten droht oder dem Elefanten ein Leid geschehen könnte.

Aber tun Sie nichts, das die triumphierenden Gefühle dämpfen oder ersticken könnte, die das Tier und alle ihm Dienenden in einen lebenden Ausdruck des Einsseins mit dem Kosmos verwandeln. Das geschieht ohnehin viel zu selten.

Niemand, und ganz gewiss nicht der Buddha, der ein großer Befürworter überschäumender Freude gewesen ist, mag Spielverderber.

Buddha-Weisheit

▶ In der Freude des Elefanten liegt für Sie eine weitere Chance, Ihr Selbst zu verlieren. Nutzen Sie sie!

Muntern Sie den Elefanten auf, wenn er traurig ist

Mein Motto lautet »Das Leben hat keine Grenzen«. Weil das Leben keine Grenzen hat, wird mein Tag niemals enden, werden meine Chancen niemals enden.

Martha Stewart

Elefanten haben überdimensionierte Hoffnungen, Erwartungen und Träume. Daher ist es nur natürlich, dass sie von der realen Welt häufig enttäuscht werden. Wenn das Selbst so unendlich groß ist, muss es zwangsläufig einmal die grausame Wahrheit erfahren, dass es nicht das Zentrum des Universums ist, dass Tage irgendwann einmal zu Ende sind, dass es nicht endlos viele Chancen gibt.

Man muss den Elefanten für die kategorische Weigerung, seine Bedeutungslosigkeit zu akzeptieren, einfach gern haben. Aber wir selbst dürfen nicht so denken wie die Elefanten. Nur so können wir unserem Elefanten in Zeiten des Verlusts und der Enttäuschung eine Hilfe sein.

Das Bemerkenswerteste an Elefanten ist vielleicht, dass sie trotz ihrer Größe, Macht und Erhabenheit manchmal etwas völlig Unbegreifliches tun: Sie weinen. Elefanten, die man im Zoo in ein Gehege sperrt, vergießen bittere Tränen. Genau wie Elefanten, die man von ihren Jungen trennt. Und man hat tatsächlich schon Elefanten gesehen, die glauben, die ganze Welt würde sich nach ihnen richten, und dann einsam und niedergeschlagen in Tränen zerfließen, wenn ihnen klar wird, dass sie sich geirrt haben und der Kosmos nicht von ihrem Selbst regiert wird. Alexander der Große hat geweint, als es keine Weltreiche mehr gab, die er erobern konnte. Ted Turner, der geschasste Titan von Time Warner, der größte Landbesitzer der Vereinigten Staaten, dessen Vorbild Alexander der Große ist, fing bei einer privaten Vorführung des in seinen Studios produzierten Zeichentrickfilms *Der Gigant aus dem All* hemmungslos zu schluchzen an. Allerdings ist Turner ein sehr nachdenklicher Elefant und daher vielleicht auch besonders anfällig für Melancholie und Grübelei.

Leider muss jeder gerade anwesende Mönch auch mit der anderen Seite des traurigen Elefanten rechnen – der Wut. Für den Anfänger gibt es nur eine Lösung für das Problem mit der Wut des Elefanten: nicht da sein. Später werden wir noch andere Antworten finden.

Doch bevor es so weit ist, haben Sie die moralische Verpflichtung, der traurigen Kreatur in Ihrer Obhut beizustehen. Es gibt so viele Ereignisse und Situationen, die einen Elefanten unglücklich machen können, dass es fast unmöglich ist, sie alle aufzuzählen. Sie sind so zahllos wie die Sterne!

Im Folgenden eine kleine Auswahl:

▶ Ein Abschluss, mit dem der Elefant eine Menge Geld verdient hätte, scheitert. Dem Elefanten wird klar, dass es nicht so gelaufen ist, wie er gedacht hat. Das macht ihn traurig.

▶ In einem Zeitungsartikel oder einer Fernsehsendung wird der Elefant beleidigt, oder ein Feind des Elefanten über den grünen Klee gelobt. Dem Elefanten wird bewusst, dass nicht alle in der Welt da draußen nach seiner Pfeife tanzen. Das macht ihn traurig.

▶ Der gemischte Salat mit Putenbruststreifen, den der Elefant bestellt hat, enthält zu wenig Fleisch. Dadurch fühlt sich der Elefant zurückgesetzt. Das macht ihn auch traurig.

▶ Ein vom Elefanten geschätzter Mitarbeiter will die Herde verlassen. Der Elefant hat die Welt um sich herum so geschaffen, dass sie seinen Bedürfnissen und seiner von ihm angenommenen Bedeutung entspricht. Warum sollte jemand sie verlassen wollen? Das macht den Elefanten sehr traurig.

▶ Der Elefant hat sich in einem unvorsichtigen Moment im Spiegel gesehen und festgestellt, dass er nicht mehr jung und dünn, sondern kahl und dick ist. Die vom Elefanten geschaffene Aura der Unbesiegbarkeit hat Löcher bekommen, und er fühlt sich für kurze Zeit wie ein Mensch. Für den Elefanten ist dieser Zustand unerträglich, daher ist er für eine Weile sehr, sehr traurig.

▶ Nachdem der Elefant mehrere Stunden mit Wertpapieranalysten gesprochen hat, ist der Aktienkurs des Unternehmens gefallen. Dies kann den Elefanten nicht nur traurig, sondern auch wütend und rachsüchtig machen.

Eine sehr gute Zeit, um mit dem Elefanten zusammen zu sein, ist dann, wenn er wütend und rachsüchtig ist … auf jemand anderen! Aber das gehört jetzt nicht zur Sache.

Wenn der Elefant einfach nur traurig ist, gibt es einiges, das man tun kann. Alle hier gegebenen Ratschläge basieren auf dem Weg der Rechtschaffenheit:

► Leisten Sie ihm Gesellschaft. Es ist durchaus angebracht, schweigend neben dem Elefanten zu sitzen, während dieser über etwas nachgrübelt. Bringen Sie ein paar Geschäftsunterlagen mit, damit es wie Arbeit aussieht.
► Machen Sie Konversation. Elefanten können sich für viele Dinge begeistern. Der TV-Star Jerry Seinfeld sammelt Autos in einer großen Garage, die irgendwo in Kalifornien steht. Es könnte durchaus sein, dass er über sie reden will, wenn er sich verwundbar fühlt. Jack Welch ist ein sehr guter Golfer. Golfer reden selbst dann noch über ihren Sport, wenn sie auf einem sinkenden Ozeandampfer stehen. Mr Turner gehört zu den größten Globalisten und Umweltschützern der Welt. Er wird sich mit Ihnen sicher gern über die globale Zusammenarbeit der Wirtschaft im Kampf gegen die Umweltverschmutzung unterhalten, wenn er traurig ist und Sie gerade neben ihm sitzen. Andere Elefanten tröstet es, wenn sie über Zinssätze oder ihr Privatvermögen sprechen können. Der Gedanke daran, dass sein Reichtum dauerhafter ist als die aktuellen Schwierigkeiten, wird die Tränen eines Elefanten in den meisten Fällen trocknen.

BUDDHA-WEISHEITEN

► Was spricht das Kind in Ihrem Elefanten an? Ein Spiel? Musik? Geschichten über die Zerstörung seiner Freunde und Feinde?
► Sie müssen das Selbst Ihres Elefanten so weit reparieren, dass er sich wieder erhaben fühlt.
► In der Verherrlichung seines Selbst findet der Elefant Macht und Glückseligkeit. Helfen Sie ihm dabei, und Sie werden Ihrem Ziel, den Elefanten zu dressieren, einen Schritt näher kommen.

Über die Bedeutung der Begeisterung

Man muss sich für etwas begeistern. Nur so kommt es zu Innovationen.

Stephen Sanger, CEO von General Mills

Ich repariere ein Flugzeug wesentlich schneller, wenn ich es reparieren will, als wenn ich es nicht reparieren will.

Gordon M. Bethune, CEO von Continental Airlines

Sie sind kein Genie. Sie sind kein Riese. Sie sind keiner von denen, die das Universum am Laufen halten. Sie sind nur Sie.

Es gibt jene, die den Kosmos nach ihrem Willen formen. Und jene, die so viel Macht besitzen, dass sie die Realität von einer Ebene auf die nächste bringen können. Sie sind keiner von denen. Sie sind nur Sie.

Sie sind kein Elefant. Sie sind nicht einmal ein Babyelefant. Sie sind einfach einer von jenen Menschen, deren Karma es ist, sich mühselig durchs Leben zu schleppen, auf Umwegen zu führen, die Kräfte, die so viel mächtiger sind als sie, zu bündeln und zu ihrem Vorteil auszunutzen, um ein möglichst sinnvolles Leben zu haben. Sie dienen. Sie folgen. Für Brahma sind Sie nur ein kleines Stäubchen, das aus den Augenwinkeln zu sehen ist, aber sofort verschwindet, wenn man den Blick darauf richtet. Sie sind nur Sie. Eine Ansammlung von Energie. Ein Blitz. Sonst nichts.

Also lächeln Sie. Dann leben Sie länger.

Für Fortgeschrittene:
Wie man den Elefanten dressiert

Das Leben ist wie eine lange Reise mit schwerem Gepäck. Gehe langsamen, sicheren Schrittes voran, damit du nicht stolperst. Überzeuge dich, dass Unvollkommenheit und Unannehmlichkeiten das natürliche Los aller Sterblichen sind, dann wird es keine Gelegenheit für Unzufriedenheit und Verzweiflung geben. Wenn begehrliche Wünsche in dir wach werden, erinnere dich an Tage voller Not, die hinter dir liegen. Geduld ist die Wurzel von Ruhe und Zuversicht. Studiere den Zorn des Feindes. Wenn du das, was du besiegen sollst, nicht kennst, dann wehe dir, denn es wird dir nicht gelingen. Suche die Fehler nicht bei anderen, sondern bei dir selbst.

Tokugawa Ieyasu, japanischer Herrscher (1542–1616)

Vertrauen Sie dem Elefanten

Wenn man sagt, dass man einer Sache grundsätzlich zustimmt, so bedeutet es, dass man nicht die geringste Absicht hat, sie in der Praxis durchzuführen.

Otto von Bismarck

Es ist möglich – und manchmal sogar notwendig –, dem Elefanten zu vertrauen. Man darf das Tier nicht mit allzu großem Argwohn dressieren, da sich das Herzblut sonst in Wermut verwandelt.

Aber wir haben bereits gelernt, dass Elefanten eine eigene Sprache sprechen und selbst einen innig geliebten und treuen Elefantenführer zu einer blutigen Masse mit der Konsistenz von Haferschleim zertrampeln, um eine unter einer Kommode versteckte Erdnuss zu finden.

Man muss daher so vorgehen, wie es der Buddha seinen Anhängern eines Nachmittags bei einem Teller Muscheln in der Bar des Restaurants Trattoria Del Arte in New York empfahl. »Man darf«, sagte der Erhabene, während er eine Muschel öffnete und das zarte Fleisch herausholte, »dem Elefanten nur in dem Maße vertrauen, wie man ihn führen kann.« Seine Anhänger lachten zuerst, wie immer, wenn sie eine seiner Weisheiten hörten, aber danach hielten sie eine Klausurtagung ab und kamen zu dem Schluss, dass der Buddha es ernst gemeint hatte.

Man darf dem Elefanten nur in dem Maße vertrauen, wie man ihn führen kann. Wie sollen wir dieses Diktum verstehen?

Wenn der Elefant für Sie unendlich schwer zu führen ist, dann dürfen Sie ihm nicht vertrauen. Elefanten sind nämlich nicht von Natur aus zuverlässig. Sie denken von sich selbst immer nur das Beste und glauben, dass sie vertrauensvoll sind und Vertrauen verdient haben. Als Linda Wachner, Chairwoman und CEO von Warnaco, gefragt wurde, ob sie ihren Mitarbeitern vertraue, antwortete sie: »Ich glaube nicht, dass es hier um Vertrauen geht. Es ist eher Respekt vor der Intelligenz und der Urteilskraft anderer Leute.« Alle, die mit dieser Elefantin gearbeitet haben, wissen, dass sie zu keiner Zeit auch nur einen Funken Respekt vor der Intelligenz und der Urteilskraft anderer gezeigt und sie auch nicht als Individuen geschätzt hat – nicht einmal als Sklaven oder Vasallen. Die Manager des Unternehmens insbesondere der Ebenen, die ihr direkt unterstellt waren, zitterten wie Espenlaub vor ihr. Daraus lernen wir, dass der Buddha Recht hatte, als er sagte: »Der Elefant glaubt häufig, dass er in ein Cocktailkleid Größe 36 passt. Ihr braucht das nicht zu glauben.«

Dass der Elefant meint, er hätte Vertrauen verdient, ist ein enormer spiritueller Vorteil für Sie. Er muss aber auch daran glauben, dass er ein Team hat, das ihn voller Hingabe führen, füttern und tränken wird, seine Gegenwart genießt, ihn liebt, nach seinen Regeln lebt und sich von seinen Bedürfnissen leiten lässt.

Im August 2000 sagte Sandy Weill, der Moses von Citigroup, dem *New York Times Magazine:* »Der Feind ist der Typ unten auf der Straße, nicht der im Büro nebenan.« Das Interview fand unmittelbar nach dem Rauswurf von John Reed statt, dem Typ im Büro nebenan.

Und so einem Elefanten soll man vertrauen?

Aber sicher. Der Buddha hat sich diesbezüglich ganz klar geäußert: Man darf dem Elefanten in dem Maße vertrauen, wie man ihn führen kann.

Hier werden wir nun das erste Mal direkt mit der Notwendigkeit konfrontiert, den Elefanten zu führen, selbst wenn es sich nur um eine kurze Strecke handelt. Aber Sie sind jetzt ein Elefantenführer auf fortgeschrittenem Niveau, daher ist es an der Zeit, die nächsten Schritte zum Experten zu tun.

Halten Sie einen Moment inne. Horchen Sie in sich hinein. Spüren Sie die Luft um sich herum. Ist sie nicht anders als zu Beginn Ihrer Ausbildung? Ist sie nicht ein bisschen … leichter? Reiner? Spüren Sie den Raum um sich herum. Ist er nicht ein bisschen … größer? Ist der Himmel nicht weiter? Blauer?

Prüfen Sie sich. Sie haben den Elefanten kennen gelernt. Sie haben ihn mit Futter versorgt. Sie haben mit ihm gefeiert, als er glücklich war. Sie haben ihn getröstet, als er traurig war.

Und jetzt, meine kleine Auster, holen Sie tief Luft. Legen Sie beide Hände um den Strick, den die graue Wand aus Elefant vor Ihnen um den Hals trägt. Und dann … ziehen Sie. Was ist das?! Hat der Elefant sich nicht ein kleines bisschen … bewegt? Ja, das hat er. Sie haben den Punkt erreicht, an dem der Elefant sich ein kleines Stück von der Stelle rührt, wenn Sie mit ganzer Kraft ziehen.

Überprüfen Sie, wie weit Sie das Tier gezogen haben. Das entspricht dann dem Maß an Vertrauen, das Sie sich erlauben können.

Alles klar? Je leichter der Elefant für Sie zu bewegen ist, desto mehr können Sie ihm vertrauen. Doch wenn man einmal ein gewisses Vertrauensniveau erreicht hat, ist es schwierig, noch höher zu kommen. Wenn Sie mit Ihrem Elefanten Glück gehabt haben, bleibt das Vertrauen auf diesem Level.

Außerdem können wir davon ausgehen, dass es in Ordnung ist, eine kleine Menge Vertrauen in das Tier zu setzen, auch wenn es noch ziemlich widerspenstig ist.

Wenn wir dem Elefanten vertrauen, können wir darauf bauen, dass er Folgendes tut:

▶ Er sagt, was er meint, wenn ihm das einen Vorteil verschafft.

▶ Er tut, was er angekündigt hat, und zwar innerhalb eines Zeitraums von fünf bis zehn Minuten.

▶ Er wird auf Sie aufpassen, wenn Sie ihn dazu zwingen. Allerdings dürfen Sie das nicht zu oft tun.

▶ Er verhält sich seinem Wesen entsprechend, das heißt, er frisst, wenn er Hunger hat, er trinkt, was und wann er will, und er bekommt einen Wutanfall, wenn seine Wünsche nicht sofort erfüllt werden.

▶ Er hasst seine Feinde und liebt jene, die seine großen und kleinen Abneigungen teilen.

▶ Er ist konsequent in seiner Meinung darüber, welchen Managementstil er toleriert und welchen nicht.

Wir haben das Thema Vertrauen etwas ausführlicher behandelt, weil es so wichtig ist. Ihre Beziehung zum Elefanten darf – und kann – nicht von Misstrauen, Kälte und mangelndem Einfühlungsvermögen geprägt sein. Elefanten brauchen eine freundliche Umgebung, wenn sie sich wohl fühlen sollen, und Sie als Elefantenführer werden in einer Atmosphäre ohne Zuneigung und Vertrauen nicht überleben können.

Suchen Sie wie immer nach dem goldenen Mittelweg. Das eine Extrem ist starkes Misstrauen und mangelndes Einfühlungsvermögen. Das andere Extrem ist das grenzenlose Vertrauen, das man zum Beispiel seinem Hund entgegenbringt, es sei denn, der Hund wiegt keine fünf Kilo und muss einmal im Monat zum Friseur. Wie alles andere sollten Sie Ihr Vertrauen weise investieren und mit Ihrem inneren Auge ständig nach links und rechts blicken.

BUDDHA-WEISHEIT

▶ Selbst dem kleinsten Elefanten darf man auf keinen Fall vertrauen, wenn er es auf einen abgesehen hat.

Gehorchen Sie dem Elefanten

Lang ist dem Wachenden die Nacht, dem Müd'n das Reisen,
Lang der Geburten Lauf den Toren, den unweisen.
Aus dem Dhammapada [5]

Es ist mir egal, wie Sie es anstellen, aber machen Sie ihm das Leben
zur Hölle.
Manager aus der Medienbranche, der sich darüber aufregt,
dass sein Finanzchef zu einem anderen Unternehmen wechselte

Es gibt ein Gesetz, und dieses Gesetz muss man beachten. Ein Elefant, dem man einen Strich durch die Rechnung macht, ist kein angenehmer Anblick.

Vor nicht allzu langer Zeit beging ein Bodhisattwa an der Westküste den Fehler, sich nicht zur völligen Zufriedenheit seines Elefanten zu verhalten. Er gehorchte einfach nicht so, wie es richtig gewesen wäre, und das Problem, um das er sich kümmern sollte, wurde nicht so gelöst, wie das Tier es sich vorgestellt hatte. Als der Elefant dies herausfand, war er sehr enttäuscht. Er ging ins Büro des jungen Mönchs, wo er wortlos seinen Rüssel um den Hals des Anstoßes schlang und den Mönch so lange würgte, bis seine Karriere tot war.

Es ist ganz einfach: Man muss dem Elefanten gehorchen. Und zwar so, dass er zufrieden ist.

Wie stellt man das an? Gute Frage. Es gibt so viele Möglichkeiten, dem Elefanten zu gehorchen, wie es Möglichkeiten gibt, ihm nicht zu gehorchen, und in dieser Vielfalt finden wir Erleuchtung, Macht und Herrschaft über die Kräfte, die den Kosmos regieren.

Nur ein Narr oder ein Sklave gehorcht, wenn man es ihm befiehlt. Der Wahrheitssuchende nutzt eine solche Forderung des Elefanten als Gelegenheit, seine Macht zu vergrößern und die Schönheit seiner Existenz zu erhöhen.

Im Folgenden die Sechs Pfeiler des Gehorsams™, wie sie vom Buddha unmittelbar nach einem guten Mittagessen im Spago in Los Angeles formuliert wurden.

BUDDHA-WEISHEITEN

Die Sechs Pfeiler des Gehorsams

▶ **Man kann langsam gehorchen.** Gehorchen ist unvermeidlich. Es zu verzögern, ist erhaben. Den Elefanten warten zu lassen ist vielleicht die gefährlichste, aber auch die effektivste Möglichkeit, um die eigene Bedeutung, Kompetenz und Tapferkeit zu demonstrieren.

▶ **Man kann schnell gehorchen.** Auch in der Geschwindigkeit liegt Macht, so lange das Tempo nicht den Eindruck vermittelt, dass die Aufgabe zu einfach war oder man sich nicht genug Mühe gibt. Durch Geschwindigkeit kann man vieles sagen – von Verachtung bis hin zur ultimativen Bewunderung. Arbeiten Sie nie schnell, weil Sie Angst haben. Aber als Tüpfelchen auf dem i? Als brillanter Effekt? Bitte, gern, mein kleiner Mönch.

▶ **Man kann teilweise gehorchen.** Sicher, ein gefährliches Spiel. Aber manchmal gibt der Elefant unvollständige Befehle oder Anweisungen, die in einer kompletten Katastrophe enden würden, wenn man sie wortwörtlich befolgte. In solchen Fällen ist es eine sehr deutliche Antwort, wenn man die Wünsche des Elefanten nur zum Teil ausführt.

▶ **Man kann schlecht gehorchen.** Finden Sie es gut, dass Sie immer den Nasenring des Meisters holen müssen? Als der Buddha noch jung war, wies ihn seine Frau des Öfteren an, schmutzige Kochtöpfe zu schrubben, da aufgrund seiner göttlichen Ungenauigkeit im Detail angebrannte Essensreste darin klebten. Er spülte die Töpfe tatsächlich, aber so schlecht, dass sie noch einmal von fähigeren Händen gesäubert werden mussten. In diesem Fall war die schlechte Ausführung des Befehls ein probates Mittel, um zukünftige Forderungen einzuschränken und in die richtigen Bahnen zu lenken.

▶ **Man kann mit Leib und Seele gehorchen.** Es gibt jedoch Zeiten, in denen Gehorsam ein Ausdruck von Liebe und Zuneigung ist und sowohl vom Elefanten als auch vom Elefantenführer sehr geschätzt wird. Diese Zeiten sind kostbar und müssen in Ehren gehalten werden. Für ein gutes Verhältnis zwischen Untergebenem und Vorgesetztem gilt das, was der Buddha einmal gesagt hat: »Die glückliche Ameise liebt nicht nur die Königin, der sie dient, sondern auch das Stück Zucker, das sie trägt.« Es stimmt, dass ein gewisses Maß an Ergebenheit und Zuneigung die eigene Arbeitsweise beeinflusst. Das ist ganz ausgezeichnet, aber nicht die höchste Form des Gehorsams – denn die Liebe schafft Sehnsüchte, und Sehnsüchte bedeuten Leiden. Die höchste Form von Dienen und Gehorchen liegt wie immer im Wissen um die gefühllose, leidenschaftslose, formlose, schmerzlose Leere, aus der das Universum erschaffen wurde und in der es aufgehen wird, wenn die Zeit dafür gekommen ist.

▶ **Man kann mit wahrer Leere gehorchen.** Hier ist der Elefant. Dort ist die Aufgabe. Die Aufgabe muss erfüllt werden. Keine Angst treibt uns an. Kein Verlangen beflügelt uns. Aber die Sache muss erledigt werden. Und wenn wir sie erledigen, ist sie erledigt. Unser Geist, in Atem gehalten von der Dringlichkeit der Aufgabe selbst, der Aufgabe *soi-même*, versinkt nach deren Erfüllung in jenen einzigartigen Zustand der Vollkommenheit, in dem wir den Elefanten zu gegebener Zeit bewegen und führen können – den Zustand gesteigerter Aufmerksamkeit, den Zustand der Bereitschaft, kurz: den Zustand des Nichts.

Gehorchen Sie dem Elefanten nicht

Was können sie, dachte ich, schon machen, wenn ich nicht gehorche? Ich beschloss, mich nicht mehr an die Regeln zu halten.
Joy Covey, Finanzleiterin von Amazon, über den Umgang
mit ihren Eltern

Wenn es weder Spannungen noch Konfrontationen, noch Diskussionen gibt, wächst man nicht.
Martha Stewart

Martha Stewarts Mitarbeiter werden überrascht sein, wenn sie erfahren, welche Einstellung ihre Chefin hinsichtlich der Bedeutung von Konfrontationen hat. Aber wie schon der Buddha in der Sauna des Boca Raton Hotel and Spa nach einer Acht-Stunden-Besprechung mit einer großen Gruppe besonders fieser Elefanten sagte: »Es gibt Konfrontation und Diskussion … und dann gibt es Konfrontation und Diskussion! Man muss in der Lage sein, den Unterschied zu erkennen.« Alle, die den Unterschied nicht erkennen, werden untergehen.

Elefanten hegen tief in ihrem Inneren Verachtung für jene, die allzu gehorsam sind. Sie selbst haben mit Gehorsam kein Problem. Von Joy Covey, die zu ihren Eltern frech war, über George W. Bush, der in seiner Jugend ein Bier zu viel trank und trotzdem mit seinem Auto losfuhr, bis hin zu Bill Clinton, der einmal zu oft im Oval Office über die Stränge schlug – jeder Elefant weiß, dass er sich nur dann treu bleiben kann, wenn er ausschließlich nach seinen eigenen Regeln spielt.

Wenn der Elefant also eine kleine Lebensform vor sich sieht, die den Mut hat, vom einmal genehmigten Weg abzuweichen, wirft er den Kopf zurück und trompetet seine Begeisterung hinaus, richtig? Falsch.

Ein Elefant, der seine Erdnüsse verdient, wird alle zertrampeln, die ihm nicht zuhören und ihm nicht gehorchen. Er wird mit seinen Elefantenfüßen auf sie treten, sie im Staub zermahlen und so lange auf dem Staub tanzen, bis die Erinnerung an jene, die er zertrampelt hat, erlischt wie das Licht der Sonne am Abend.

Aber da es mehrere Möglichkeiten des Gehorsams gibt, gibt es auch Alternativen für diejenigen, die dem Elefanten nicht gehorchen wollen. Und so wie wir den richtigen Gehorsam lernen müssen, müssen wir uns auch die Kunst des richtigen Ungehorsams aneignen, wenn wir auf dem von uns gewählten Weg vorankommen und die Kreatur, der wir dienen, von der Stelle bewegen wollen.

Buddha-Weisheiten

Der Dreibeinige Schemel des Ungehorsams

Die hier vorgestellten Hilfsmittel sind sehr effektiv! Setzen Sie sie weise ein oder gar nicht!

▶ **Falscher Gehorsam.** Dazu wenden wir die bewährten Methoden des Absichtlichen Missverstehens und des Unaufmerksamen Zuhörens an. Beides dürfte Ihnen in der Zwischenzeit in Fleisch und Blut übergegangen sein. Wenn Sie beide Methoden verwenden, wird Ihnen Falscher Gehorsam sicher gelingen. Ein Beispiel: Der Elefant hat Ihnen befohlen, eine sehr tüchtige Mitarbeiterin zu feuern, weil sie am Morgen die Zehennägel des Elefanten nicht zu dessen Zufriedenheit poliert hat. Statt die Frau zu feuern, die ein nettes, menschliches Wesen ist und eine Familie zu versorgen hat, lassen Sie ihren Schreibtisch in einen Teil des Büros bringen, den der Elefant nicht einsehen kann. Später, wenn der Elefant der Frau einmal über den Weg läuft, was natürlich unvermeidlich ist, hat er seinen ursprünglichen Befehl vielleicht schon längst wieder vergessen. Wenn er ihn nicht vergessen hat und zu Ihnen sagt: »Ich habe dir doch gesagt, dass du diese Frau hier rausschaffen sollst!«, können Sie wahrheitsgemäß antworten: »Herr, das habe ich doch getan. Ich habe sie von hier nach da drüben geschafft!« Falls der Elefant sich dadurch nicht besänftigen lässt, können Sie zu anderen Methoden greifen oder bei dieser bleiben. Es gibt viele Möglichkeiten, einen schwer beschäftigten Elefanten falsch zu verstehen oder die falschen Dinge sehr, sehr gut zu machen.

▶ **Lästige Diskussionen.** Elefanten hassen es, ihre Befehle erklären zu müssen. Sie wollen nur, dass sie ausgeführt werden. Man kann daher jeden Elefanten unterkriegen, indem man so lange mit ihm über seine Befehle diskutiert, bis die Aufmerksamkeitsspanne des Tiers zu Ende ist oder ihm das Ganze so auf die Nerven geht, dass er die Sache nicht weiterverfolgen will. Gespräche dieser Art sind allerdings heikel und müssen mit großer Vorsicht geführt werden. Sie müssen auf die Gefühle des Elefanten Rücksicht nehmen und wiederholt Ihr Bedauern darüber zum Ausdruck bringen, dass Sie leider unfähig sind, das Wie und Warum des zu erfüllenden Befehls zu verstehen. »Aber, Herr«, sollten Sie verwirrt stammeln, »letzte Woche habt Ihr gesagt, dass das hier am wichtigsten ist … und jetzt soll ich etwas völlig anderes erledigen. Wie soll ich die beiden Aufgaben miteinander vereinbaren?« Oder vielleicht auch: »Herr, das ist eine grandiose Idee! Aber wie soll ich das fertig bringen, wenn das Budget für solche Ausgaben von Koplowitz und seinen Leuten kontrolliert wird? Soll ich Koplowitz anrufen und ihm sagen, dass Ihr noch einmal wegen der Änderungen im Betrieb mit ihm sprechen wollt?« Und so weiter. Bei der Diskussion mit dem Elefanten sollten Sie darauf achten, nie anderer Meinung zu sein als er. Elefanten haben nichts dagegen, sich mit jemandem zu streiten. Aber sie hassen es, wenn jemand anderer Meinung ist. Sollten Sie einmal einen Elefanten treffen, der erhebliche Meinungsverschiedenheiten duldet, ist das kein Elefant, sondern ein als Elefant verkleidetes Gnu.

▶ **Ungehorsam.** Die schwierigste Strategie, die nur außerordentlich fähigen Zen-Meistern empfohlen wird. Man reagiert einfach mit Nichts auf den Befehl. Keine Diskussion. Kein Streit. Keine Aktivität. Keine Passivität. Damit verblüffte Mr Bartleby in der Geschichte von Herman Melville seinen Vorgesetzten. »Ich ziehe es vor, das nicht zu machen«, sagte er und tat genau das, was er angekündigt hatte. Aber die Zeiten haben sich geändert. Heute können Sie vielleicht nicht einmal mehr sagen, was Sie vorhaben. Nehmen Sie den Befehl entgegen. Sehen Sie ihn sich an. Verlassen Sie das Büro des Elefanten, und erledigen Sie andere Dinge, was dazu führt, dass der Befehl einfach liegen bleibt. Wenn Sie gefragt werden, ob er ausgeführt wurde, erwidern Sie: »Noch nicht.« Das entspricht den Tatsachen und vermeidet eine Konfrontation. Wenn Sie gefragt werden, warum er noch nicht ausgeführt wurde, sollten Sie mit der Wahrheit herausrücken: »Ich habe andere Dinge erledigt.« Wenn Sie gefragt werden, wann der Befehl ausgeführt wird, sagen Sie: »So bald wie möglich, Herr.« Ihr Elefant weiß natürlich nicht, dass Sie es für unmöglich halten, den Befehl auszuführen, daher gibt es kein Problem mit dieser Antwort. Die Zeit wird vergehen. Und der Befehl wird nicht ausgeführt werden. Sie werden immer noch am Leben sein und der Elefant auch. Irgendwann wird der Graue einen Punkt erreichen, an dem er sich nicht mehr daran erinnert, was er Ihnen aufgetragen hat, warum er es Ihnen aufgetragen hat, und weshalb ein ansonsten gehorsamer und fähiger Angestellter wie Sie nicht dafür gesorgt hat, dass es erledigt wird. Am Ende, mein kleiner Kobold, wird der Befehl verschwinden, so wie alle Dinge einmal verschwinden werden – natürlich auch wir, der Elefant und die kosmische Infrastruktur, in der wir alle wohnen.

Sollte der Befehl sehr wichtig sein und es Ihnen nicht gelingen, ihn durch den Einsatz des Dreibeinigen Schemels zum Verschwinden zu bringen, müssen Sie in Erwägung ziehen, zu einem der Sechs Pfeiler des Gehorsams zurückzukehren. Ihnen stehen insgesamt neun Alternativen zur Lösung des Problems zur Verfügung. Das sind alle, die der Buddha uns hinterlassen hat.

Machen Sie dem Elefanten Komplimente: 2. Stufe

Wer höflich Alte ehrt, Vorteil hat der vier:
Ein langes Leben, Glück und Kraft und Körperzier.
Aus dem Dhammapada [6]

Dort, wo das Licht mich am besten aussehen lässt.
Ralph Lauren auf die Frage eines Reporters von Fortune,
wo er für das Interview sitzen wolle

Ralph Lauren sucht das Licht, das ihn am besten aussehen lässt. Es ist Ihre Aufgabe, dieses Licht für Ihren Elefanten zu finden und ihn so hinzusetzen, dass es ihn vorteilhaft zur Geltung bringt. Das ist die fortgeschrittene Form des Komplimentemachens, mit der Sie bis zur Seele des Elefanten vordringen und diese berühren. Zum Glück sind Sie jetzt schon so weit, dass Sie sich damit beschäftigen können.

Anfänger behaupten immer, dass man dann vor dem Elefanten zu Kreuze krieche. Sie glauben zu wissen, worüber sie reden. Aber sie haben keine Ahnung von der Komplexität und der schillernden Schönheit dieser hohen Kunst. Sie geben sich mit oberflächlichen Schmeicheleien zufrieden, indem sie dem Elefanten beispielsweise ein Kompliment über die Länge seines Rüssels oder die Schönheit seines Halsbandes machen. Das funktioniert auch meist, da es kaum einen Vertreter dieser Spezies gibt, der sich nicht ab und zu von solch primitiven Artigkeiten beeindrucken lässt.

Aber schmeicheln, schleimen, schöntun und andere einfache Stimulierungsformen des Elefantenegos sind nur der Anfang für den erfahrenen Elefantenführer, der daran arbeitet, den Widerstand eines ganzen Elefanten verschwinden zu lassen. So nützlich es auch sein mag, ein solches Verhalten kann nur oberflächlich sein, wie der Buddha eines Nachmittags bemerkte, als er auf dem Flughafen von Pittsburgh auf eine Verbindung zurück nach New York wartete, nachdem US Airways aufgrund von technischen Problemen wieder einmal einen Flug gestrichen hatte.

Finden Sie heraus, wie sich der Elefant selbst sieht

Die Bibliothek von Bill Gates' futuristischem Hightech-Wohnhaus in Seattle wurde mit einer Kuppel ausgestattet, die folgende Inschrift trägt: »Er war weither an dieses blaue Gestade gekommen, und plötzlich schien ihm sein Traum so nahe gerückt, dass er nur zuzugreifen brauchte.«[7] Das Zitat stammt aus *Der große Gatsby*, F. Scott Fitzgeralds Meditation über den Menschen, der sich selbst erschafft, und den amerikanischen Traum. Obwohl Literaturliebhaber angesichts dieser Vorstellung erschauern werden, sieht Gates sich selbst als eine Art moderner Gatsby – aus eigener Kraft emporgekommen, sagenhaft reich und romantisch verklärt.

The Atlanta Constitution, *14. Januar 2001*

»Dem Elefanten mit einfachen Schmeicheleien zu kommen«, sagte der Buddha ohne jeden Anflug von Ärger, der unter diesen Umständen ganz normal gewesen wäre, »ist so, als würde man eine reife, wohlschmeckende Frucht durch das Fenster in sein Büro werfen. Das Tier freut sich zwar über die Frucht, aber sie kommt von außen hereingeflogen. Unser Ziel besteht darin, von innen nach außen zu arbeiten.«

Aber wie arbeitet man von innen heraus, wenn man dem Elefanten ein Kompliment machen will? Indem man sich die Kontrolle über die Umgebung des Elefanten verschafft und Ereignisse und Situationen so gestaltet, dass der Graue sich in seiner Haut wohl fühlt. Bei der einfachen Form des Komplimentemachens können wir beispielsweise etwas Nettes über das Haar unseres Elefanten sagen. Bei der fortgeschrittenen Form würden wir ihn so frisieren lassen, dass man seine Haarpracht mit der eines Supermodels vergleichen könnte. Alle, die das für unmöglich halten, haben noch nie direkt neben Donald Trump gestanden, wenn dieser in Begleitung einer seiner Freundinnen war.

Buddha-Weisheiten

▶ Sie sind inzwischen so weit, dass Sie eine erfundene Realität nicht nur kommentieren, sondern auch erschaffen können.

▶ Wenn Sie Ihre eigene Realität erschaffen, in der andere Leute leben müssen, haben Sie das Wesentliche der Lehre Buddhas erkannt.

▶ Man kann sich sein eigenes Universum erschaffen, weil es im empirischen Sinne gar nicht existiert. Warum sollen Sie dann nicht Ihre eigene Realität oder eine Person konstruieren können?

Erziehen Sie den Elefanten

Ich weiß genau, wann die Leute über etwas reden, das nicht stimmt. Sie wissen nicht, dass es nicht stimmt, aber ich weiß es.
Meg Whitman, CEO von eBay

Ich habe wiederholt bewiesen, dass ich ein Auge für das Wesentliche habe. Ich weiß, was ich nicht weiß. Und ich weiß, dass unsere Stärken sich gegenseitig ergänzen … Ich bringe eine strategische Vision mit.
Carly Fiorina beim Versuch, die Führungsetage von Hewlett-Packard davon zu überzeugen, dass sie für den CEO-Posten geeignet ist

Was soll man einer Kreatur geben, die alles über alles weiß? Wie bringt man es fertig, Wissen und Einfühlungsvermögen in ein Gehirn zu stopfen, das der Meinung ist, die Weisheit mit dem Löffel gefressen zu haben?

Aber vielleicht ist Folgendes noch viel wichtiger, meine kleine Jungtaube: Welche Art von Einfluss kann man auf einen Verstand haben, den man bis zu einem gewissen Grad *nicht* selbst beeinflusst, geformt, ja geschaffen hat? Und wird ein solcher Verstand nicht unzugänglich für unseren Einfluss sein?

Was soll man in einer solchen Situation tun?

Der Schlüssel besteht darin, den Verstand des Elefanten mit ganz speziellem Material zu füttern – Material, das ohne Ihr Zutun dort nicht zu finden wäre –, und zwar auf eine Art und Weise, die bei Ihrem Dickhäuter folgende Reaktionen auslöst:

▶ Der Elefant glaubt, dass es schon in seinem Gehirn war und er es dort gefunden hat.
▶ Der Elefant ist ganz begeistert von dem neuen Material, das er in seinem Gehirn entdeckt hat, und fängt sofort an, es zu untersuchen und danach zu handeln.
▶ Trotz seines Narzissmus wird dem Elefanten in einer kleinen Ecke seines Gehirns klar, dass er dieses neue Wissen in Ihrer Ge-

genwart entdeckt hat, und er bringt daher Sie mit diesem neuerlichen Beweis seiner Genialität in Verbindung.

Über manche Dinge weiß der Elefant mehr als Sie. Ihre Zahl ist Legion. Aber es gibt mindestens einen Bereich, in dem er absolut nichts weiß, ein Gebiet, das seiner Psyche so fremd ist, dass Sie ihm dabei helfen müssen. Auf diesem Terrain – und nur auf diesem – werden Sie einen fruchtbaren Boden für die Erziehung des Elefanten finden.

Dinge, über die der Elefant mehr weiß als Sie	Dinge, über die Sie mehr wissen als der Elefant
Was er will	Wie andere Menschen sich fühlen
Was er nicht will	
Seine Hobbys	
Das Geschäft	
Einzelheiten zu den Unternehmensbereichen	
Wein	
Käse	
Segelboote	
Feinde/Freunde zerstören	

Ja, die einzige Sache, in der Sie den Elefanten erziehen können, das Eine, über das Sie von Natur aus mehr wissen als er, ist, *wie andere Menschen sich fühlen*. Und daher haben Sie als Elefantenführer die Aufgabe, Ihr Tier in Sachen Menschlichkeit zu erziehen.

Ein Elefant, der dieses Wissen nicht hat, ist verloren und wird schneller in den Ruin getrieben, als Ihnen lieb sein kann. Damit Ihr Grauer Erfolg haben kann, muss er zumindest über grundlegende Kenntnisse der menschlichen Natur verfügen. Und da er kein Mensch ist, braucht er dabei Ihre Hilfe.

Sie müssen Ihrem Elefanten Vorstellungen, Gefühle und Lebensumstände der Menschen so präsentieren, dass er glaubt, er hätte diesen Schatz selbst entdeckt. Helfen Sie dem Elefanten, sein neues Wissen in einen Führungsstil zu integrieren, der jenen, die in seinen Diensten stehen, das Leben erträglicher macht.

BUDDHA-WEISHEITEN

- ▶ Sprechen Sie mit dem Elefanten über die Gefühle anderer Menschen. Aber erzählen Sie ihm nicht alles. Machen Sie Andeutungen. Geben Sie Hinweise.
- ▶ Unter Umständen weiß der Elefant gar nicht, dass andere Menschen Gefühle haben. Unter Umständen ist ihm gar nicht bewusst, dass es andere Menschen gibt.
- ▶ Loben Sie den Elefanten, wenn er auf die menschliche Seite anderer reagiert. Sorgen Sie dafür, dass er sich gut fühlt, wenn er sich von den Gefühlen anderer leiten lässt.
- ▶ Tadeln Sie den Elefanten, wenn er dieses Kunststück einfach nicht begreifen will. Aber schimpfen Sie nicht allzu sehr mit ihm. Er kann schließlich nichts dafür, dass er sich so verhält.
- ▶ Haben Sie Geduld. Versuchen Sie es immer wieder. Und gehen Sie mit viel Fingerspitzengefühl vor. Es kann Jahre dauern. Aber wenn es Ihnen gelingt und Ihr Elefant auch nur ein kleines bisschen mehr Rücksicht auf andere nimmt, haben Sie Ihren Job gut gemacht. Und das ist schließlich Ihre Aufgabe.
- ▶ Letztendlich werden Sie das Labor sein, in dem der Elefant seine gerade erst entdeckten Menschenkenntnisse ausprobiert. Reden Sie ihm bei den ersten unbeholfenen Schritten gut zu, selbst wenn er Ihnen dabei aus Versehen auf den Fuß tritt. Denn wenn es dem Elefanten bei Ihnen gelingt, kann es durchaus sein, dass er sein neues Wissen auch bei anderen in der großen, weiten Welt anwenden will ... und Sie als Lehrer, Führer und Gefährten mitnimmt.

Zeigen Sie dem Elefanten alternative Strategien auf

Der Prozess ging vermutlich wegen Gates' auf Video aufgenommener Zeugenaussage verloren, die David Boies in der Verhandlung Stück für Stück auseinander nahm. Der für seinen harten Wettbewerb bekannte Gates schaukelte auf seinem Stuhl hin und her, nippte nachdenklich an einem Softdrink und reagierte gereizt und ausweichend auf die Fragen, während er behauptete, lediglich im Interesse seiner Kunden und aus Sorge um die Zukunft Microsofts gehandelt zu haben.

Chicago Tribune, 14. Januar 2001

Während der Verhandlung verhielt Microsoft sich die ganze Zeit über wie erwartet. Das Unternehmen war – aus seiner Sicht – immer der Benachteiligte und fühlte sich durch infame Kampagnen von Linken und Rechten angegriffen. Es vertrat steif und fest die Behauptung, dass es mit seinem riesigen, grauen Körper zu keiner Zeit Druck auf die Branche ausgeübt und auch nicht versucht habe, seine Konkurrenten durch mehr oder weniger offensichtliche Aktionen aus dem Markt zu drängen. Das war seine Haltung bei dem Prozess, und davon wich es keinen Zentimeter ab.

In den Jahren vor dem Prozess verhielt sich der Elefant ähnlich konsequent. Er terrorisierte seine Rivalen. Konnte er einen Konkurrenten nicht zertrampeln, hob er ihn mit seinem gigantischen Rüssel hoch, schüttelte ihn kräftig und fraß ihn auf. Das war seine Haltung Wettbewerbern gegenüber, und davon wich er keinen Zentimeter ab.

Da ihm niemand Alternativen aufzeigte, landete der Elefant schließlich vor Gericht, wo er es mit der Öffentlichkeit, einem Richter und dem vollen Gewicht der Medienmaschine zu tun bekam. Der beste Beweis gegen Microsoft war die auf Video aufgenommene Aussage des Elefanten an der Spitze des Unternehmens. Vor der Videokamera sagte Bill Gatsby genau das, was er seinen Mitarbeitern schon seit Jahren ohne erkennbaren Widerspruch gesagt hatte. Warum sollte er an sich zweifeln? War sein Weg nicht der einzig wahre?

Inzwischen ist ziemlich klar, dass im Gehege von Microsofts Elefantenherde in Redmond, Washington, ein teleologischer Notstand geherrscht haben muss. Programmierer hatte das Unternehmen gleich hordenweise. Außerdem Marketingfachleute, PR-Experten, Personalfachleute, ein feiges Team aus Ja sagenden Rechtsanwälten und eine Legion imposanter Führungskräfte mit forsch geöffnetem Hemdkragen, beauftragt mit der Leitung einer Infrastruktur, die so aufgebaut war, dass Microsoft die digitale Welt wie ein Koloss der Neuzeit beherrschen konnte.

Aber es hatte keine Elefantenführer. Wenn es dort auch nur einen einzigen Elefantenführer gegeben hätte, hätte dieser dem Elefanten mit Sicherheit seinen Stock gezeigt und gesagt: »He! Grauer! Zerquetsche die Maus nicht, denn sie könnte einen Anwalt haben!«

Aber niemand zeigte seinen Stock. Niemand erhob seine Stimme. Sicher, es gab jede Menge Machogehabe, alle bemühten sich nach Kräften, dem Elefanten das zu sagen, was er hören wollte, und sie amüsierten sich auch ganz köstlich über das letzte kleine Nagetier, dessen Knochen unter dem Gewicht des Riesen zerbrachen. Aber leider, leider gab es keinen einsamen Rufer in der Wüste.

Bill Gates' Mannen haben ihrem Chef keinen Dienst erwiesen. Dafür haben sie eine Menge Aktienoptionen bekommen, und das ist auch was.

Als perfekter Elefantenführer muss man wissen, wie man seine Stimme aus den Tiefen des Nichts erhebt. In dieser feindlichen, verlassenen Welt findet man eine Fülle von Alternativen zu allen Themen, die für den Elefanten von Bedeutung sind. Aber niemand wird sie sehen, bis nicht einer kommt, der nach ihnen sucht und die erstarrte Landschaft in einen blühenden Garten verwandelt. Und dieser eine sind Sie, Schüler des Zen, Meister des Zen.

Wie jede Aufgabe erfordert die Präsentation von Alternativen eine gewisse Vorbereitung, aber letztendlich zählen hier nur Offenheit und Aufrichtigkeit. Es gehört zu Ihrem Job. Tun Sie es einfach. In diesem Fall werden Sie mit Nichtstun nichts als noch mehr nichts erreichen. Manchmal ist etwas tun besser als nichts tun, selbst im Sinne des Zen. Das gilt auch hier.

BUDDHA-WEISHEITEN

Die Präsentation von Alternativen

▶ **Schritt 1.** Machen Sie sich klar, dass es Alternativen gibt. Mit Ausnahme der geistig schon sehr reifen Elefanten ist das für alle Grauen ein revolutionäres Konzept. Wenn Sie bereits viel Zeit mit einem solchen Elefanten verbracht haben, könnte es sein, dass auch Sie schon Schwierigkeiten damit haben, an die Möglichkeit anderer Sichtweisen zu glauben.

Damit Sie die Alternativen erkennen können, müssen Sie sich dazu erziehen, außerhalb der gerade angesagten Meinung zu stehen und von dieser Position aus zuzusehen, wie das Tier in manischer Selbstzufriedenheit in sich hineinlacht. Denken Sie immer daran, dass Sie kein Teil von ihm sind. Sie sind innen und außen und oben und unten. Aber es ist kein Teil von Ihnen, und Sie sind kein Teil von ihm, weil es kein Es und kein Sie gibt. Es gibt nur Alles. Wenn Sie eins sind mit Allem, werden Sie die wahre Natur von Eins und Alles erkennen und wissen, wie es funktioniert. Und Sie werden wissen, wie es funktionieren könnte, wenn ein Zweifler seine Stimme erheben würde.

▶ **Schritt 2.** Suchen Sie nach Alternativen. Prüfen Sie die Situation wie eine Orange, sehen Sie sich alle Seiten und Ecken an, von oben und unten. Wie viele Seiten hat ein Gegenstand, der keine hat? Wie viele Ecken hat ein Gegenstand, der keine hat? Unendlich viele, stimmt's?

▶ **Schritt 3.** Vermitteln Sie die Alternativen. Wie? Das wissen Sie doch schon. Warum wohl hat der ewige Kosmos in seiner unendlichen Weisheit stundenlange Besprechungen geschaffen? Gibt es nicht auch Momente, in denen der Elefant sich suchend umblickt und so tut, als würde er jetzt ein paar strategische Ratschläge begrüßen? Natürlich gibt es sie. Hier geht es nicht um Gelegenheit, mein kleines Wiesel, sondern um Mut. Sie wissen doch noch, was Mut ist, oder?

Werden Sie nicht laut. Sie geben keine Ratschläge. Sie zeigen lediglich verschiedene Szenarien als Ergänzung zu den von allen akzeptierten, gängigen Lösungen auf. Die anderen werden Sie ansehen, als wäre Ihnen gerade ein zweiter Kopf gewachsen. Aber das ist schon in Ordnung. Die anderen sind keine Elefantenführer. Nur Sie.

Man muss sich schon sehr überwinden, wenn man das erste Mal am tiefen Ende des Swimmingpools ins Wasser springt. Aber wenn man sich an das Wasser gewöhnt hat, macht es Spaß.

»Seht nur!«, werden die Leute sagen. »Seht nur, wie gut er schwimmen kann!«

Überzeugen Sie den Elefanten, dass die Idee von ihm stammt

Ich werde nicht hier bleiben, um die Welt zu retten.
John Reed auf einer Vorstandssitzung der Citigroup,
bei der er den Kampf gegen Co-CEO Sandy Weill verlor
und zum Rücktritt gezwungen wurde

So steht es geschrieben: Ein junger Internetmönch bekam des Nachmittags Hunger und suchte nach einem Ort, wo er etwas essen konnte. Er ging in ein Restaurant, das gerade sehr in Mode war und in dem die Gäste nicht nur eine Krawatte, sondern auch ein Jackett tragen mussten. Da unser angehender Manager in einer Dotcom-Firma arbeitete, die bereits auf dem absteigenden Ast war, besaß er weder Krawatte noch Jackett. Er trug die obligatorische Standardkluft seiner Generation – weites weißes Hemd, Jeans und Wildlederschuhe ohne Socken. »Sir, Sie müssen angemessen gekleidet sein, wenn Sie hier essen wollen«, sagte der Oberkellner des Restaurants zu ihm, der in Geschäftskreisen mehr Ansehen und Macht genoss als so mancher CEO. »Wenn das so ist, verzichte ich freiwillig«, erwiderte der Mönch und verließ das ungastliche Etablissement mit viel Tamtam und ein kleines bisschen verärgert.

Schon der Buddha wandte sich mit folgenden Worten an seine Schüler, als diese sich eines Abends fragten, wo sie während ihres Disputs sitzen sollten: »Es ist einfach, ein Restaurant zu verdammen, in dem man kein ausgezeichnetes Essen erwarten kann.«

Missgeschicke und Zurückweisungen als positiven Akt darzustellen ist eine Eigenschaft, die sämtliche großen Elefanten besitzen. Für die Elefantenführer ist das ein wahrer Segen. Jede Situation, egal, wie schrecklich sie auch sein mag, kann zu einer positiven Realität umgedeutet werden, wenn der Elefant erst einmal verstanden hat, dass es notwendig ist. Sobald eine Situation unvermeidlich ist, lässt sich der Elefant leicht davon überzeugen, dass *alles genau so ist, als hätte er selbst es angeordnet.*

Das ist ganz einfach, wenn das, was man dem Elefanten als seine Idee verkaufen will, positiv ist. Am größten ist die Wirkung jedoch, wenn es negative Folgen haben könnte. Damit werden wir uns im nächsten Kapitel beschäftigen. Für jene, die nicht wissen, wie man den Elefanten an seinem kleinen Schwänzchen herumdreht, ist das allerdings ein äußerst gefährliches Thema.

Buddha-Weisheiten

▶ Es liegt in der Natur des Elefanten, alles und jedes als Schöpfung und Erweiterung von sich selbst zu sehen. Daher tun Sie nichts anderes, als das wahre Selbst des Elefanten zu bestätigen.
▶ Wenn etwas geschieht, denkt der Elefant, er hätte irgendetwas damit zu tun oder könnte etwas unternehmen, um es zu seinem Vorteil zu beeinflussen.
▶ Das klingt vielleicht absurd, aber es ist auch nicht absurder als alles andere in einem Universum, das genau genommen weder real noch irreal ist.

Wie Sie dem Elefanten schlechte Nachrichten überbringen

Ich halte das nicht für klug … Er ist schließlich der Anwalt von Microsoft. Er hätte sagen sollen:»Jungs, das könnt ihr nicht machen. Ihr müsst jetzt flexibel sein.«

*Richter Thomas Penfield Jackson über Bill Neukoms Unfähigkeit,
seinen Mandanten zu überreden, die harte Haltung in Sachen
Wettbewerb aufzugeben*

Das Glück hilft keinem Hasenfuß.

Sprichwort

Wie wir in all unserer Weisheit schon bemerkt haben: Es wäre sinnvoll gewesen, nicht wahr? Es wäre sinnvoll gewesen, wenn jemand zu Mr Gatsby gegangen wäre und ihm gesagt hätte, dass es mit dem Richter nicht so gut läuft. Aber niemand im ganzen, großen Unternehmen hatte den Mut dazu. Niemand überbringt gern schlechte Nachrichten.

Stellen Sie sich einmal vor, was mit Microsoft passiert wäre …

… wenn die Amerikaner keine republikanische Regierung gewählt hätten, die als erste Amtshandlung sämtliche Antitrust-Gesetze in der Schublade verschwinden ließ.

Man braucht keinen Mut, um dem Elefanten gute Nachrichten zu überbringen. Der Buddha nahm nirgendwo in seiner Lehre zu diesem Punkt Stellung.»Wenn jemand es nicht fertig bringt, der Bote guter Nachrichten zu sein, hat er vom Baum der Dummheit gegessen«, sagte er nur und beschäftigte sich dann mit schwierigeren Themen.

Aber schlechte Nachrichten sind etwas ganz anderes, weil der Elefant bei schlechten Nachrichten immer jemanden braucht, dem er die Schuld daran geben kann. Wenn da jemand ist, dem man, logisch gesehen, die Schuld geben könnte, ist das natürlich gut und schön, und die meisten geistig noch zurechnungsfähigen Elefanten werden die Gelegenheit nutzen und ihn sich vorknöpfen. Aber wenn die Situation unklar ist oder die schlechte Nachricht gleich mehrere Leute oder eine nicht genau definierte Gruppe betrifft und sich geografisch nicht eingrenzen lässt, wird es mit Sicherheit den armen Tropf treffen, der die Geschmacklosigkeit, Unbesonnenheit und Dummheit besaß, die Nachricht selbst zu überbringen.

Das nennt man dann »den Boten umbringen«, und es ist kein Spiel. Ein Elefant kann die Person, die ihm eine schlechte Nachricht mitteilt, auf vielfältige Art und Weise bestrafen:

▶ Sie wird sofort zertrampelt.

▶ Sie wird eine Weile auf dem Abstellgleis geparkt, während der Elefant wutentbrannt im Kreis herumläuft, und dann von hinten mit dem Rüssel aufgespießt.

▶ Sie wird in die Höhe gehoben und auf einen harten Gegenstand geworfen.

▶ Sie wird betont kühl aus dem Büro gewiesen und bei der Verteilung der Prämien ignoriert.

▶ In einigen seltenen, aber dramatischen Fällen wird sie gefressen. Denn obwohl Elefanten sich in der Regel von Gemüse und Gräsern ernähren, haben viele Geschäftselefanten der Natur den Rücken gekehrt und sind zu Fleischfressern geworden. Eine ziemlich beängstigende Vorstellung, nicht wahr?

Um einem solchen Schicksal zu entrinnen, sollten Sie dem Elefanten schlechte Nachrichten folgendermaßen überbringen:

1. Stellen Sie sich direkt unter den schwersten Teil des Elefanten.
2. Rollen Sie sich zusammen, und machen Sie sich möglichst klein.
3. Lehnen Sie sich so gegen den Elefanten, dass sich der größte Teil seines Körpergewichts schräg über Ihnen befindet.
4. Schubsen Sie den Elefanten, während Sie ihm die schlechte Nachricht mitteilen. Das und die Wucht der Nachricht dürften genügen, um ihn aus dem Gleichgewicht zu bringen und dafür zu sorgen, dass er umfällt.
5. Wenn der Elefant umfällt, rennen Sie sofort unter ihm weg und stellen sicher, dass Sie *auf der anderen Seite des Elefanten* stehen, wenn er sich von selbst wieder aufrichtet. Fortgeschrittene Elefantenführer können den Elefanten in die richtige Position drehen, aber zum jetzigen Zeitpunkt sollten Sie froh sein, dass Sie den Elefanten trotz seines erheblich höheren Körpergewichts umwerfen können.

6. Wenn der Elefant versucht, die schlechte Nachricht zu verdauen – und das ist jetzt äußerst wichtig –, bieten Sie ihm sofort einen kleinen Nachschlag an, etwa so, als würde man einem Klosterbruder, der sich verschluckt hat und nach Luft ringt, ein kleines Stückchen Roggenbrot reichen, um die Kehle zu beruhigen. Dieser Brocken kann etwas mit der schlechten Nachricht zu tun haben – vielleicht fällt Ihnen außer Ihnen noch jemand ein, mit dem der Elefant schimpfen könnte? – oder eine völlig andere Schauergeschichte sein. Das Ziel besteht darin, den Elefanten so weit zu bringen, dass er seinen Rüssel um etwas anderes als die schlechte Nachricht schlingt.

> Der bessere Teil der Tapferkeit ist Vorsicht.
> *William Shakespeare*

Wenn die schlechte Nachricht allerdings sehr wichtig und sehr schlecht ist, sollten Sie jemand anderen zum Elefanten schicken.

BUDDHA-WEISHEIT

▶ Wie sagte der Buddha doch eines Nachmittags am zwölften Loch des Country-Klubs von Bel Air unmittelbar vor einem bedrohlich aussehenden Gewitter: »Wenn der Blitz in einen Baum einzuschlagen droht, sollte man darüber nachdenken, ob man sich nicht besser unter einen anderen setzt.«

So bekommen Sie vom Elefanten Lob für gute Leistungen

> Es ist noch kein einziges Mal vorgekommen, dass eine Führungskraft in einer Besprechung ihre Interessen oder die ihrer Abteilung über die Interessen des Unternehmens gestellt hat. Wenn das geschehen würde, würde ich vermutlich die Besprechung abbrechen.
> *Thomas M. Siebel, Chairman und CEO von Siebel Systems*

Erstaunlich. Der durchschnittliche Elefant glaubt wirklich an diesen Unsinn, während er jeden Tag unerbittlich seine Interessen (die – zumindest in seiner Fantasie – mit denen des Unternehmens übereinstimmen) durchsetzt. Und Sie müssen innerhalb dieses Glaubenssystems arbeiten oder bei dem Versuch sterben, daraus zu flüchten.

In diesem Bild von der Welt arbeiten Sie nicht für sich. Abhängig von der Natur Ihres Elefanten arbeiten Sie:

► zum Wohle des Elefanten
► zum Wohle der Aktionäre
► zum Wohle der Menschheit
► zum Wohle des Teams
► für den Tod des Idioten aus dem Büro nebenan

Sie arbeiten also für alles Mögliche, nur nicht für sich selbst. Und daher dürfen Sie auch nie, nie nach Anerkennung für Ihre Arbeit fragen. Denn so steht es geschrieben: »Er, der nach Anerkennung für sich selbst buhlt, hat es verdient, einen Briefbeschwerer gegen den Hinterkopf geknallt zu bekommen – und zwar von jedem, der der Meinung ist, er hätte einen legitimen Anspruch auf einen Teil der Anerkennung.«

Wo immer man auch hingeht,
da ist man dann.
Anonym

Also fragen Sie nicht. Sorgen Sie einfach dafür, dass Sie in der Nähe sind, wenn Lob verteilt wird. »Gute Lage«, steht in den Sutras, und das gilt nicht nur für Immobilien. Sie müssen zur richtigen Zeit am richtigen Ort sein, um in die Schusslinie des Elefanten zu geraten.

Das wird Ihnen auch gelingen, wenn Sie beispielsweise derjenige sind, der dem Elefanten das letzte Teilstück vor der Fertigstellung eines Projekts überreicht.

Besonders gut eignen sich auch folgende Hilfsmittel und Momente:

▶ Der letzte Entwurf eines Dokuments ...
▶ Die letzte Korrektur eines Vertrags ...
▶ Der Moment, in dem das neue Tabellenkalkulationsprogramm zum ersten Mal auf dem Desktop des Elefanten gestartet wird (so lange es funktioniert) ...
▶ Die Stunde, in der die Schampusflasche zum Feiern hereingebracht und der Führungsetage ein Klumpen aus Plexiglas für den Abschluss eines Gewinn bringenden Geschäfts überreicht wird, das Ende des letzten Konferenzgesprächs, wenn die Verbindung unterbrochen wird und ein zufriedenes Murmeln den Raum erfüllt ...

Der große, gefallene Siddhartha der Populärkultur, Allen Stewart Königsberg (Woody Allen), hat einmal gesagt: »Dabei sein ist achtzig Prozent des Erfolges.« Wie wahr, trotz seines etwas angeschlagenen Rufs. Seien Sie dabei. Oder nirgends.

BUDDHA-WEISHEITEN

▶ Man wird versuchen, Sie aus dem Raum zu drängen, wenn das Lob zu fließen beginnt. Wer das tut, ist kein Freund.
▶ Tragen Sie immer einen kleinen, metaphysischen Brieföffner bei sich. Und stellen Sie sich darauf ein, ihn zu benutzen. Manchmal muss man der Leere mit einer Waffe in der Hand begegnen. Tut man das nicht, verleugnet man seine ureigene Natur und die Struktur des Daseins.
▶ Nur weil Sie ein Kind des Zen sind, brauchen Sie noch lange kein Trottel zu sein. *Au contraire.* Kämpfen Sie um Ihren Platz im großen Mandala des Lobes für gute Arbeit. Sie werden froh sein, dass Sie es getan haben.

Loben Sie den Elefanten für etwas, das er nicht getan hat

Ich bin ein religiöser Mensch. Ich bete für Milky Way. Ich bete für Snickers.

Forrest Mars Sr., Gründer von Mars Inc.

Das ist vermutlich der Grund dafür, dass so viele Leute diese Schokoriegel essen.

Sie müssen sich darüber im Klaren sein, dass der Elefant unter Umständen gar nicht arbeitet, das aber anders sieht als Sie.

Er glaubt stattdessen, dass alles, was innerhalb der Firma geschieht, mehr oder weniger Teil seines offensichtlichen Schicksals ist und er in der kosmischen Klemme steckt, sich höchstpersönlich um alles und jedes kümmern zu müssen. Was er nicht tut, hat Brahma schon für ihn getan, denn wie wir gesehen haben, hat Brahma nichts anderes zu tun, als jenem Elefanten zu Hilfe zu eilen, an dem Er seine Freude hat.

Es ist daher unmöglich, irgendetwas im Ökosystem Ihrer Firma zu finden, das der Elefant nicht in irgendeiner Weise als sein Werk ansieht. Und deshalb möchte er natürlich für alles und jedes gelobt werden.

Es gibt einen tollen Trick, der den Wahrheitswert dieses Konzepts beweist.

Machen Sie der Sekretärin des Elefanten den Vorschlag, etwas für dessen Büro zu kaufen – eine Vase mit Blumen oder einen neuen Brieföffner mit passender Schere. Warten Sie, bis der Gegenstand im Gehege des Elefanten platziert ist. Dann betreten Sie das Gehege und machen dem Elefanten ein Kompliment für seinen guten Geschmack. Die meisten Elefanten werden das Kompliment annehmen, ohne darauf hinzuweisen, dass sie mit dem Kauf nichts zu tun hatten.

Für geschäftliche Transaktionen, Gedanken und Erfolge gilt das Gleiche. Nur sehr, sehr wenige Elefanten werden sich nicht geschmeichelt fühlen und Glückwünsche für etwas, das sie nicht getan haben, ablehnen. Nach der zweiten oder dritten Runde solcher

Komplimente wird der Elefant mit der Zeit sogar vergessen, dass er das, worum es geht, gar nicht getan hat, sich dafür verantwortlich fühlen und stolz darauf sein, es getan zu haben.

Vor einigen Jahren saß der Buddha einmal unter dem Baum eines berühmten Elefantenkriegsherren. Der Kriegsherr verbrachte die meiste Zeit damit, in seinem Büro auf und ab zu laufen, Suppe und Brot zu essen und die Invasion und Eroberung eines benachbarten Königreichs zu planen. Um diese große Aufgabe zu bewerkstelligen, sprach er mit den Elefanten, die das Imperium befehligten, zu dem seine Provinz gehörte. »Wir müssen das Land der Nordlinge erobern!«, mahnte er. Zuerst waren sie von der Idee nicht gerade begeistert, aber nach einer Weile glaubten sie daran. Eines Nachts zogen sie los, zertrampelten den Kral des kleinen Kriegsherrn und warfen ihn von einem Felsvorsprung. Und dann eroberten sie das Land der Nordlinge.

Viele Jahre später saß der Buddha zufällig mit einem der großen, siegreichen Tiere, die damals den kleinen Kriegsherrn vernichtet hatten, unter einem Baum. »Zu meinen schönsten Erinnerungen gehört die Eroberung des Landes der Nordlinge«, sagte der riesige und noch immer sehr gefährliche Elefant. »Es war viel Arbeit, aber wenn ich eine meiner Ideen in die Tat umsetzen will, lasse ich mich von nichts und niemandem aufhalten.« Der Buddha sagte nichts, denn nichts sagen war sein Spezialgebiet und einer der Gründe, warum er trotz seines Übergewichts und der sitzenden Lebensweise ein so hohes Alter erreichte.

Buddha-Weisheiten

▶ Der Elefant glaubt, dass er die Welt um sich herum erschaffen hat und alles und alle in dieser Welt kontrolliert.

▶ Den Elefanten für das, was er nicht getan hat, zu loben, ist lediglich eine andere Form der Bestätigung dieser irrationalen Vorstellung.

▶ Es empfiehlt sich, von Zeit zu Zeit etwas Bewunderung bereitzustellen, in der sich der Elefant sonnen kann.

▶ Es besteht keine Gefahr, dass der Elefant Ihnen die Bewunderung übel nimmt.

Smalltalk mit dem Elefanten

Egal, was ich mache, es muss gut sein.
Meg Whitman, CEO von Ebay, während eines Fotoshootings für das
Titelbild eines Wirtschaftsmagazins, in dem sie vor einem Tisch
mit PEZ-Spendern kniet und das Kinn auf die Platte gelegt hat

Zeit ist Geld.
Anonym

Der Elefant verschwendet Zeit besser, als andere das tun. Sie können ihm dabei helfen. Ihr Recht, belanglose Plaudereien mit ihm zu führen, hängt vor allem von Ihrer Größe, Ihrer Macht und Ihrem wirtschaftlichen Einfluss innerhalb des Unternehmens ab ... aber nicht so direkt, wie Sie jetzt vielleicht denken. Schauen Sie:

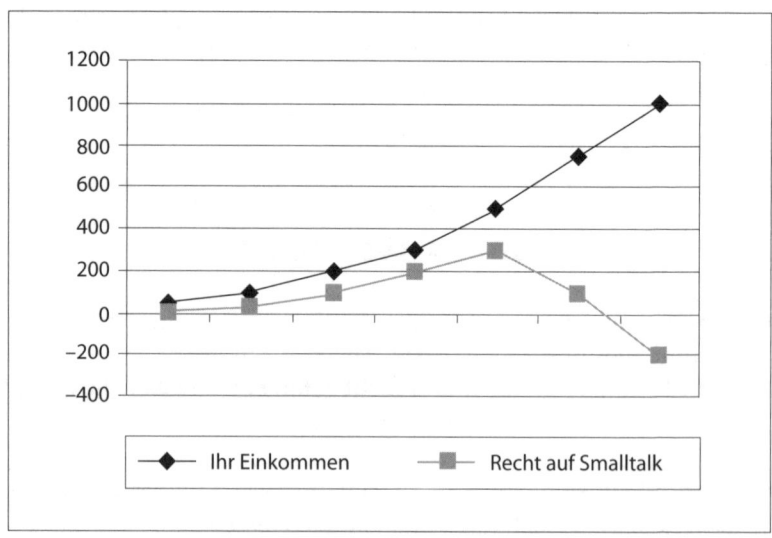

Und das können Sie bei einer belanglosen Unterhaltung mit dem Elefanten alles erreichen:

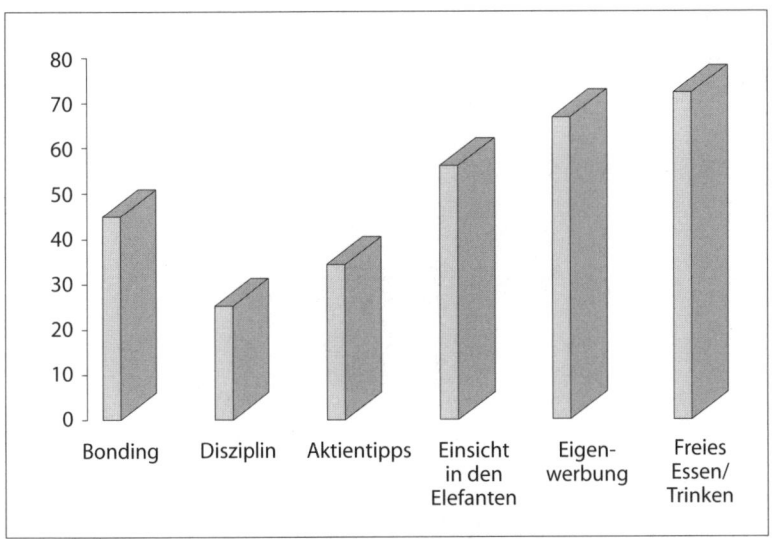

Für Gespräche dieser Art eignen sich folgenden Themen:

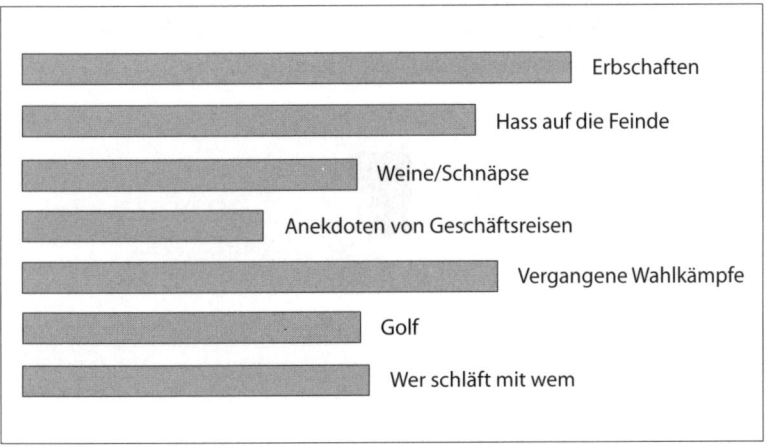

Folgende Grafik zeigt, wer die Themen bei einem zwanglosen Gespräch mit dem Elefanten bestimmen sollte.

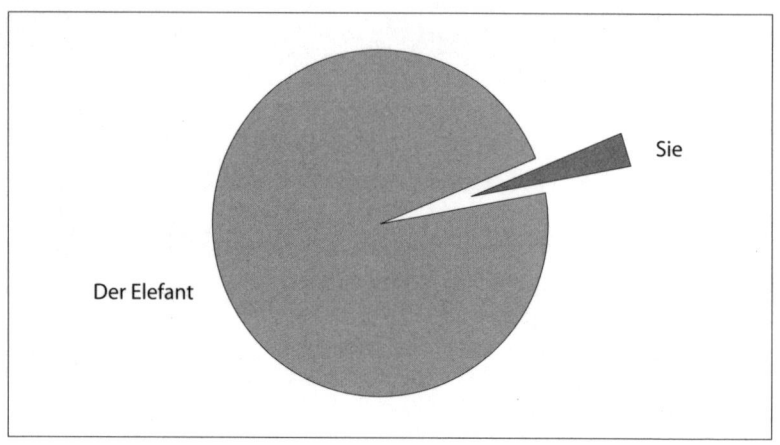

Sie

Der Elefant

BUDDHA-WEISHEITEN

▶ Unterbrechen Sie längere Momente des Schweigens nicht zu früh. Der Elefant hört sich gern selbst denken und will, dass auch Sie ihm dabei zuhören.

▶ Wenn Sie über etwas Bestimmtes sprechen wollten, vergessen Sie es. Der Elefant bestimmt, wo's langgeht.

Wenn Sie und der Elefant
die Stadt verlassen

Die *Exxon Valdez* lief 1989 mitten in der Umstrukturierung des Unternehmens auf Grund. Lee Raymond, der damals President von Exxon war, sollte die Reinigungsarbeiten und den immensen Fallout überwachen. Er wirkte so unauffällig, dass er einmal in ein Büro in Alaska marschierte, sich als Einwohner von Valdez ausgab und einen Schadensfall meldete, nur um die Schadensbearbeitung beurteilen zu können.
Wall Street Journal, *1. Dezember 1999*

People are strange, when you're a stranger.
The Doors

Das ist uns allen schon einmal passiert: Bei der Arbeit wird uns jemand vorgestellt. Wir laufen ihm fortan fast täglich über den Weg und lernen ihn immer besser kennen. Und dann sehen wir ihn eines Tages beim Einkaufen oder auf der Straße in einer anderen Stadt und erkennen ihn nicht.

Kontext ist alles.

Wenn ein Elefant seine Stadt verlässt und sich nicht mehr in seinem Gehege und an seinen Lieblingsplätzen befindet, verliert er ein kleines, aber wichtiges Stück seiner Elefantennatur und wird etwas menschlicher. Er ist dann nicht nur für seine Elefantenführer, sondern auch für sich selbst kaum wieder zu erkennen.

Die Straße ist ein heikler Ort für einen Elefanten, und für Sie, seinen Führer und Diener, sowohl eine Herausforderung als auch eine Chance. Im Folgenden eine kleine Zusammenstellung, die Sie auf Ihrem Weg begleiten soll.

Mit dem Elefanten in einer fremden Stadt			
Verhalten des Elefanten	**Positive Folgen**	**Negative Folgen**	**Mögliche Reaktion**
Betrinkt sich	Vertrautheit	Scham- und Rachgefühle/ Zeugen müssen eliminiert werden	Sie trinken noch eine Weile mit und gehen dann auf Ihr Hotelzimmer
Will abends nicht ins Bett	Freundschaft	Sie geben zu viel von sich preis und erfahren zu viel über den Elefanten, als Ihnen lieb ist	Sie bleiben noch eine Weile, sagen immer weniger und gehen dann auf Ihr Hotelzimmer
Gefährdet die Verhandlungen, weil er nicht informiert ist	Schwäche des Elefanten gibt Ihnen die Möglichkeit, Ratschläge/ Empfehlungen zu geben	Elefant muss alle hinrichten, die Zeuge seiner Schwäche wurden	Sie gehen so schnell wie möglich auf Ihr Hotelzimmer
Ernährt sich nachlässig	Spaß mit dem Elefanten	Elefant assoziiert Sie mit verdorbenem Magen	Sie tun alles, damit Ihnen noch übler wird als dem Elefanten, sorgen dafür, dass es allen auffällt, und nehmen die Last der Anekdote auf sich
Versucht, Sex mit dafür ungeeignetem Tier zu haben	Schwer zu sagen	Komplette Katastrophe für alle Beteiligten	Sie gehen auf Ihr Hotelzimmer, verlangen die Rechnung und verlassen die Stadt

Sie sehen, es gibt viele Anlässe, bei denen man das Vertrauensverhältnis zum Elefanten verbessern und Spaß mit ihm haben kann. Aber die Gefahren, die mit solchen Gelegenheiten unweigerlich verbunden sind, sind so zahlreich wie die Gelüste des Elefanten.

Denn die meisten Elefanten verlieren ihr Gleichgewicht, wenn sie auf Reisen sind, und brauchen dann besonders viel Fürsorge und Kontrolle. Sie trinken. Sie rauchen. Sie versuchen, Emus und Gazellen aufzureißen und mit ihnen einen Spaziergang um den Pool zu machen. Wenn sie können, spielen sie. Sie verlieren jegliches Gefühl dafür, wer sie sind.

Daher müssen Sie Ihren Elefanten daran erinnern, wer er ist. Seien Sie nicht zu streng mit ihm, sondern eher wie eine Art Komplize, wenn Sie so wollen. Aber vergessen Sie nie, dass der Elefant nicht Ihr Freund ist. Er ist nicht Ihr Kumpel. Er ist immer und überall der Elefant.

Das Tier unter Kontrolle zu halten ist natürlich das Beste. Aber so, wie es Zeiten gibt, in denen man da sein muss, gibt es auch Zeiten, in denen es am besten ist, die Leere anzunehmen, schnell darin zu versinken und nicht da zu sein.

BUDDHA-WEISHEITEN

▶ Wenn der Elefant ein paar Mädchen findet, die für fünfzig Dollar alles tun, was er will, könnte es sein, dass die Zeit gekommen ist, um nicht da zu sein.

▶ Wenn der betrunkene Elefant mit heraushängender Zunge die Personalleiterin anstiert, die genauso betrunken ist wie er und sehr lange Beine und sehr rotes Haar hat, könnte es sein, dass die Zeit gekommen ist, um nicht da zu sein.

▶ Wenn der Elefant von zwei erwachsenen Männern, die ihn lieben und es nicht ertragen können, ihn in diesem Zustand zu sehen, in sein Hotelzimmer getragen werden muss und auf sein Stroh sinkt, könnte es sein, dass die Zeit gekommen ist, um nicht da zu sein.

Aber:

▶ Wenn der Elefant einsam in der Lobby des Hotels steht, verwirrt zu sein scheint und wie ein verlassenes Kalb hin- und herschwankt, könnte es sein, dass die Zeit gekommen ist, um da zu sein.

▶ Wenn der Elefant nicht zu Abend gegessen hat, sondern stattdessen zahllose Gäste begrüßt, am Pokertisch gesessen oder in der Bar Oliven und Salzbrezeln in sich hineingestopft und sich keine Gedanken um eine vernünftige Ernährung gemacht hat, sollten Sie da sein.

▶ Wenn die Geschäftsverhandlungen zu scheitern drohen, und der Elefant nach Worten ringt …

▶ Wenn der Elefant Sie aus keinem besonderen Grund bittet, mit ihm zusammen im Firmenjet zurückzufliegen …

▶ Wenn der Elefant in einem Büro weit, weit weg von zu Hause sitzt, die rechte Hand auf die Schreibtischplatte gelegt hat und die linke nervös in seinem enormen Schoß verkrampft …

Seien Sie da, wenn Sie da sein sollten. Und seien Sie nicht da, wenn Sie nicht da sein sollten.

Wenn Sie den Unterschied kennen, haben Sie die Lehre Buddhas verstanden. Und Aussichten auf eine Beförderung.

Wenn Sie mit dem Elefanten einen trinken gehen

Es war eindeutig Alkohol mit im Spiel.
*Ein Geschäftskollege über Thomas M. Haythe, Partner der Anwalts-
kanzlei Haythe & Curley, nachdem Haythe wegen »unangemessenen«
Verhaltens bei einer Abendveranstaltung zum Austritt aus seiner
eigenen Kanzlei gezwungen worden war*

Auf einer Party, bei der die Übernahme von Salomon Smith Barney
gefeiert wurde, tranken Sandy Weill und sein Protegé/designierter
Nachfolger Jamie Dimon ein paar Gläser zusammen und fingen
dann an, sich über ein scheinbar unbedeutendes Detail zu streiten.
Nach kurzer Zeit brüllten sie sich an.
New York Times Magazine, *27. August 2000*

Zu welcher Spezies gehört Ihr Dickhäuter?

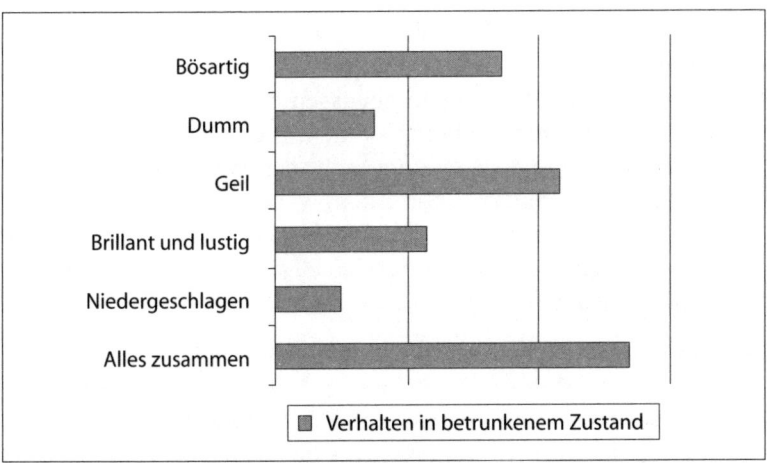

Die Komplexität des elefantischen Verhaltens, die durch den Ge-
nuss von Alkohol noch verstärkt wird, kann für die überwiegende
Mehrheit der Elefanten folgendermaßen aufgegliedert werden:

125

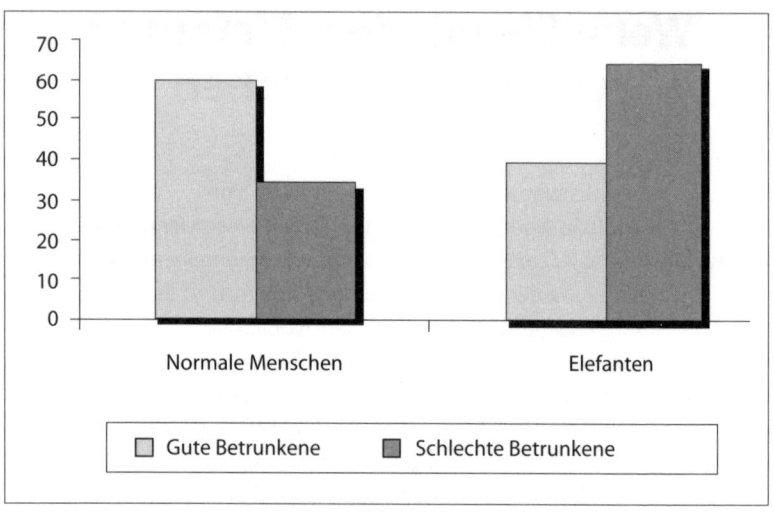

Für Sie, mein kleiner Moskito auf der großen Autobahn des Lebens, bedeutet das:

▶ Es kann manchmal zwingend erforderlich sein, in Gegenwart des Elefanten Alkohol zu sich zu nehmen.

▶ Man kann zusehen, wie der Elefant sich betrinkt, und das Gefühl der Nähe zu dem großen Tier genießen, während dieses sich entspannt.

▶ Es kann einem bis zu einem gewissen Punkt Genugtuung verschaffen, wenn man dabei zusieht, wie der Elefant immer betrunkener wird und sich immer mehr daneben benimmt.

▶ Man darf sich jedoch nie betrinken, wenn man mit dem Elefanten zusammen säuft. Das ist der Kern des Sutra. Wenn Sie das nicht schaffen, müssen Sie für den Rest Ihres Lebens mit Vice Presidents trinken.

Denn so sprach der Buddha, während er die Vielfalt des irdischen Daseins in der Bar des Four Seasons in New York studierte: »Man muss immer zwei Drinks weniger als der Elefant intus haben.«

Zwei Drinks weniger. Vergessen Sie das nicht.

Während der Elefant also mit einem gefährlichen Glitzern in den Augen seine Gegner beschimpft, können Sie sich entspannen und durchaus auch ein paar Gläser kippen. Aber auf keinen Fall dürfen Sie sich in einen Zustand trinken, in dem die Gefahr besteht, dass

Sie aufstehen und aus Leibeskräften brüllen: »Diese Idioten machen wir fertig!«

Falls der Elefant sich Ihnen anvertraut und Sie seinen alkoholisierten Atem an Ihrem Ohr spüren, während er Gefühle und Informationen ausplaudert, über die er am helllichten Tag nie und nimmer reden würde, ist es vermutlich das Beste, wenn Sie in einer Verfassung sind, in der Sie der Versuchung widerstehen können, dem Elefanten einen nassen Kuss auf seine metaphysische Wange zu drücken.

Falls der Elefant Ihnen sagt, was er wirklich denkt, dürfen Sie nicht in einer Verfassung sein, in der Sie das Gleiche tun, ohne den Filter zwischen Ihrem Gehirn und Ihrem Mund einzuschalten.

Falls der Elefant mit einem Profi-Footballspieler Streit anfangen will, weil dieser ihn angeblich geschubst hat, dürfen Sie sich keinesfalls an der Schlägerei beteiligen, sondern müssen in der Lage sein, ihn nach oben auf sein Hotelzimmer zu schleppen.

Falls der Elefant ausgerechnet in den Nachtklub gehen will, der der Klatschseite der lokalen Zeitung am nächsten Tag eine Liste seiner Gäste faxt, dürfen Sie ihn nicht etwa zu dieser grandiosen Idee beglückwünschen, sondern müssen in der Lage sein, ihn davon abzubringen.

Falls dem Elefanten übel wird und er an einen ruhigen Ort getragen werden muss, wo er seinen Rausch ausschlafen kann, müssen Sie in der Lage sein, dies zu bewerkstelligen. Auf keinen Fall dürfen Sie selbst derjenige sein, der einer solchen Behandlung bedarf.

Und falls der Elefant ganz zufällig im eigenen Interesse seine Autoschlüssel verliert und Sie die Schlüssel auch ganz zufällig in Ihrer Hand finden, mein kleiner Elefantenführer, sollten Sie nicht in einer Verfassung sein, in der Sie den Elefanten aus Versehen ums Leben bringen, weil Sie mit hundertvierzig Sachen in eine Haarnadelkurve schlittern, während Sie und Ihr Elefant ein lustiges Lied singen.

Aber reden? Lachen? Notizen vergleichen? Guten, sauberen, derben, gesunden und irgendwie auch menschlichen Spaß miteinander haben? So haben schon unsere Vorfahren nach Weisheit gesucht und sie vermutlich auch gefunden.

BUDDHA-WEISHEITEN

Über die Trunkenheit

▶ Der Elefant darf sich betrinken. Sie nicht. Sie dürfen trinken. Aber Sie dürfen das Dharma nicht aus den Augen verlieren.

▶ Sie müssen wissen, wie Ihr Elefant reagiert. Einige können nicht in Würde trinken. Falls Sie dabei sind, wenn der Elefant seine Würde verliert, sind Sie auch verloren.

▶ Elefanten, die Scotch trinken, neigen in der Regel dazu, schneller beschwipst zu sein als solche, die Wodka und Gin zu sich nehmen. Klare Spirituosen zerstören das Karma. Braune Spirituosen stärken das Karma.

▶ Wein ohne Essen führt zur Verdummung des Elefanten.

Über den Humor des Elefanten

Eines Morgens habe ich einen Elefanten in meinem Schlafanzug erschossen. Wie er in meinen Schlafanzug gekommen ist, werde ich wohl nie erfahren.

Groucho Marx

Gott erschien uns in Gestalt von Walter Chrysler und machte uns ein Kaufangebot für die Dodge Company.

Ferdinand Eberstadt, Partner, Dillion Read, über das Manöver,
mit dem sich Chrysler die Aktienmehrheit von Dodge sicherte

Humor ist Widersinn in Aktion. Das Universum ist widersinnig. Humor ist daher der beste Ausdruck für die dem Universum zu Grunde liegende Wahrheit. Er ist im Grunde genommen das Wesen des Zen.

Die Wirtschaft ist eine ernste Sache. Man muss daran glauben, dass die Wirtschaft im Wesentlichen ernst ist, um Erfolg zu haben. Aber wie wir bereits festgestellt haben, ist das Universum nicht ernst. Wir können deshalb davon ausgehen, dass die Wirtschaft der beste Ausdruck für den Schleier der Illusion ist, der über der Realität des aus brodelnder, kosmischer Leere bestehenden Universums liegt.

Humor ist Realität. Die Wirtschaft ist Illusion.

In der Unvereinbarkeit der Ernsthaftigkeit alltäglichen Geschäftslebens und der grundlegenden Leere und Willkür unseres Daseins, im Widerspruch zwischen der Überheblichkeit und lähmenden Nüchternheit der Wirtschaft und der inhärenten Leichtfertigkeit und grenzenlosen Kleinheit sämtlicher menschlicher Handlungen angesichts der Unendlichkeit finden wir das Lachen.

In der Lücke zwischen dem, was Zen ist, und dem, was nicht Zen ist, liegt ein prächtiger Garten, in dem Humor gedeihen kann und muss.

Jener Mensch, der den Elefanten zum Lachen bringt, hält den Schlüssel zur Macht in Händen.

Das Problem besteht jedoch darin, dass die meisten Elefanten – eigentlich alle Tiere, die so groß sind wie sie – keinen angeborenen Sinn für Humor besitzen. Was der durchschnittliche Elefant für witzig hält, finden alle anderen zum Heulen.

Das hat allerdings auch sein Gutes, denn man muss nicht besonders witzig sein, um den Elefanten zum Lachen zu bringen. Der *Versuch, für Belustigung zu sorgen,* ist daher wichtiger als die Qualität oder Zulässigkeit der Belustigung an sich.

Um eine verlässliche Quelle des Amüsements zu sein, müssen Sie lediglich folgende Kriterien erfüllen:

▶ Die von Ihnen geleistete Arbeit muss ohne Fehl und Tadel sein, damit man Sie nicht als Clown abqualifiziert.
▶ Haben Sie Mut zur Albernheit, wenn sich die Gelegenheit dazu bietet, und geben Sie dem Grauen dadurch einen kleinen Einblick in die Zen-Haftigkeit des Unernstes, der der illusorischen Hülle der vom Elefanten definierten Welt zu Grunde liegt.
▶ Lernen Sie ein paar Witze auswendig.

Elefanten an sich sind selten amüsant. Es gibt zwar einige Elefanten, die als Person witzig sind, aber die sind sehr, sehr selten. Der Buddha selbst hat einmal für einen Elefanten gearbeitet, der mitten in den schwierigsten Geschäftsverhandlungen alle Anwesenden zum Lachen brachte, aber auch angemerkt, dass dieses Tier die Ausnahme zur Bestätigung der Regel gewesen sei. Die meisten Elefanten sind schwer beeindruckt von der Ernsthaftigkeit ihrer Mission und der Seriosität ihrer Existenz, sodass man vorsichtig sein muss, wenn man diese Illusion zerstört, damit der Elefant nicht die B-Seite des Lachens auflegt und einen Wutanfall bekommt.

Das geschieht übrigens gar nicht so selten, denn viele Elefanten ergötzen sich an Grausamkeiten genauso sehr wie an Humor. In der Umgebung solcher Tiere lässt man am besten Vorsicht walten und beschränkt sich darauf, die einfachste Form gutmütigen Humors anzuwenden: bewährte Witze und ab und an ein sarkastischer Seitenhieb gegen einen anerkannten Feind oder Widersacher. Haben Sie etwas mehr Freiheit, werden Sie bald feststellen, dass die im Geschäftsleben verwendeten Werkzeuge eine Quelle des Humors sein können. Mit demselben Grafikprogramm, das Folgendes erstellt …

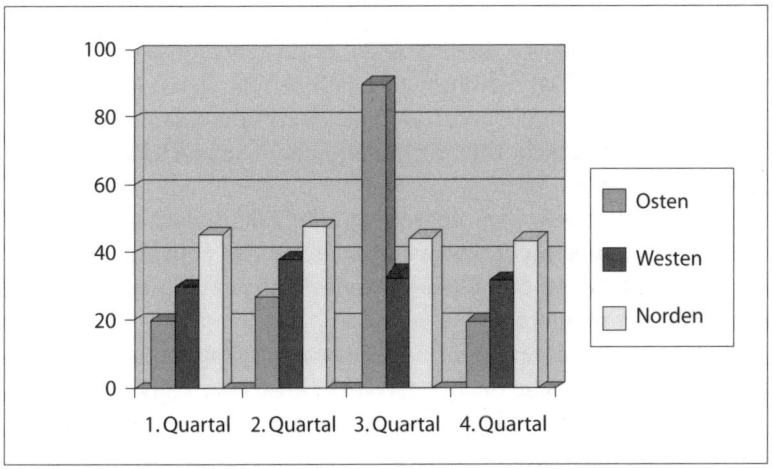

… können Sie genauso gut auch dieses Diagramm produzieren:

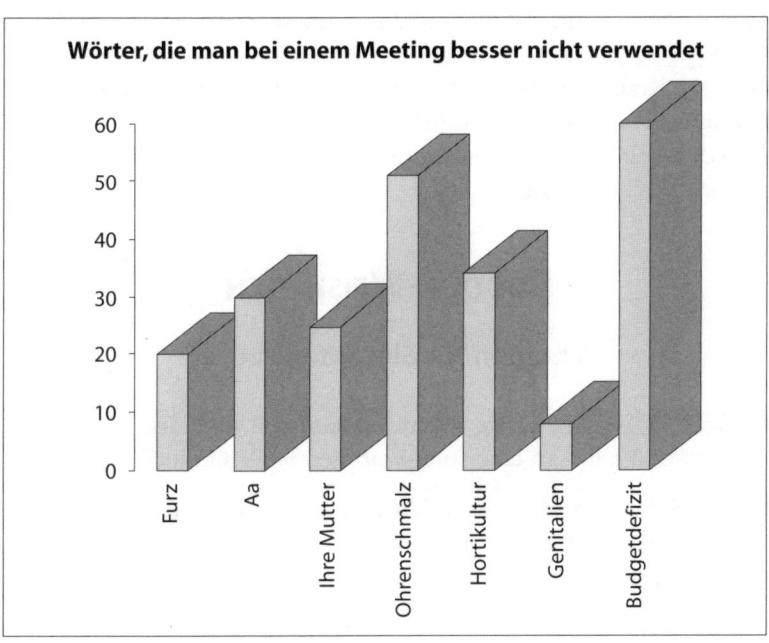

Sie können natürlich auch Requisiten benutzen. Lustige Hüte, Obst, alles, was gerade zur Hand ist.

Der beste Humor ist immer improvisiert. Der Schlüssel dafür: Wenn Sie glauben, es wäre witzig, ist es das vermutlich auch. Also versuchen Sie es. Das Schlimmste, das Ihnen passieren kann, ist ein Reinfall. Und einem Elefanten, der Sie auch nur ein kleines bisschen lieb hat, wird mit Sicherheit nicht entgehen, wie viel Mühe Sie sich gegeben haben.

Ein letzter Aspekt von überaus großer Wichtigkeit soll hier als Teil Ihrer Pflichten nicht unerwähnt bleiben. Auf Scherze und »witzige« Bemerkungen des Elefanten selbst muss man grundsätzlich mit Gelächter reagieren.

Es war einmal ein junger Bodhisattwa, der glaubte, es wäre ihm aufgrund seiner Suche nach der Wahrheit verboten, über die Witze des ihm anvertrauten Elefanten zu lachen. »Wie soll der Elefant mich respektieren und meiner Führung folgen, wenn er glaubt, ich wäre ein unaufrichtiger, grinsender Heuchler, der über etwas lacht, das er gar nicht komisch findet?«, fragte er. Als unser junger Freund selbst beim 15. Witz noch nicht lachte, stieß der Elefant ein lautes Trompeten aus und trat ihm auf den Kopf, woraufhin dem unglückseligen Mönch das Gehirn zu den Ohren hinaussprizte und sich auf dem Konferenztisch verteilte, um den sich die Mitarbeiter des Grauen versammelt hatten. Alle Anwesenden waren der Meinung, dass der Anblick einer gewissen Komik nicht entbehrte, und fingen vorsichtshalber zu lachen an.

BUDDHA-WEISHEITEN

Themen für Elefantenhumor

▶ **Golf.** Es ist sehr lustig, wenn ein Golfball vom Tee geschlagen wird und dann an einer unerwarteten Stelle landet!

▶ **Peinliches soziales Verhalten anderer Leute.** Genauso lustig ist es, wenn eine ansonsten sehr würdevolle Person einen Schnitzer begeht, mit dem sie sich mitsamt der Anwesenden in Verlegenheit bringt!

▶ **Misserfolge von Widersachern.** Haben Sie schon den von dem Typen von der Konkurrenz gehört, der gefeuert wurde? Das ist zum Schreien!

► **Schlechtes/Gutes/Erstaunliches, das der Elefant getan hat.** Wissen Sie noch, wie der Elefant beim Bowling gesiegt hat? Lenny Lerner die kleine Investmentbank unterm Hintern weggeschnappt hat? Sich die Schlüssel für den Rolls-Royce geschnappt und sie einfach in den See geworfen hat? Zum Schießen!

► **Infantile, schmutzige Witze.** Warum haben Blondinen Beine? Um vom Bett in die Küche zu kommen! Haha!

► **Das Sexleben von Demokraten.** Bill Clinton ist nicht mehr Präsident. Aber der wundervolle Humor der Jahre, in denen die Republikaner ihm die Amtszeit verdorben haben, ist noch nicht vergessen. Notabene: Geschichten über Republikaner, die ihre unheilbar kranken Ehefrauen im Krankenhaus besuchen und ihnen mitteilen, dass sie die Scheidung wollen, sind Erfindungen voreingenommener liberaler Medien!

► **Hillary Clinton** – das Thema wiederum ist wirklich lustig!

Wenn Sie mit dem Elefanten Golf spielen

Seinen Verstand sollte man nicht verschwenden.
Slogan von UNCF [8]

Golf ist das Kokain der herrschenden Klasse. Alle, die süchtig geworden sind, leben in einer eigenen Subkultur, in der törichte Geschichten über das Spiel und Diskussionen über die dazu erforderlichen Utensilien mit der Zeit Leben zerstören, die sich ansonsten sehr sinnvoll hätten entwickeln können.

Einflussreiche CEO-Elefanten können ihre Leistungsfähigkeit bei der Arbeit über lange Zeit hinweg aufrechterhalten. Aber selbst sie sind irgendwann an einem Punkt angelangt, an dem die Leistungsfähigkeit zu sinken beginnt und der Schwachsinn einsetzt. Auch Führungskräfte aus dem Vertrieb, die die Golfdroge sehr häufig für ihre Arbeit nutzen, erreichen einen Punkt, an dem der Umsatz zurückgeht. Die einzige Elefantenkategorie, die von ständigem Golfen profitiert, ist die der Idioten, die nichts zu tun haben, da es bei diesen Tieren selbst das Golfspiel nicht fertig bringt, die nicht vorhandenen Gehirnfunktionen zu zerstören.

Wie alle Suchtmittel ist Golf gefährlich, aber nicht unbedingt tödlich, wenn es als Freizeitbeschäftigung gespielt wird. Erst später, wenn der süchtige Elefant eine gewisse Widerstandsfähigkeit dagegen entwickelt hat, sehen wir den Alterungsprozess der bedauernswerten Kreatur beginnen, die fortan nur noch sabbern kann.

Bei der Pflege des golfenden Elefanten muss man die Ironie des Problems verstehen: Je besser man Golf spielt, desto frustrierender und emotional destruktiver ist es. Der Endorphinkick, der kontinuierliches Scheitern trotz aller Mühen begleitet, ist für den erfolgreichen Elefanten etwas völlig Neues und Berauschendes. Je mehr Misserfolge er beim Golfspielen hat, desto süchtiger wird der Elefant danach.

Selbst schlechtes Golf kann also Spaß machen. Auch der fortgeschrittene Elefantenführer, der keine allzu hohen Erwartungen an das Spiel hat, kann es noch ein wenig genießen. Aber wenn man

auch nur den geringsten Anspruch an seine Spielkünste stellt, wird einem das Spiel das Ego demontieren, den Seelenfrieden rauben, den Glauben an die persönliche Weiterentwicklung zerstören und letzten Endes so zusetzen, dass man Gefahr läuft überzuschnappen.

Sie wissen doch noch, dass Begierde Leiden schafft? Mit Ausnahme der wahrhaft vom Glück Begünstigten, die das Spiel meisterhaft beherrschen und dadurch ins Nichts eintauchen, ist Golf für alle, die sich daran versuchen, ein ständiger Kampf, ein nicht erfüllter Wunsch. Es ist Leiden. Es ist nicht Zen.

Aber Sie leben in einer Welt mit Golf spielenden Elefanten. Was also müssen Sie tun?

Sie haben nur zwei Möglichkeiten: Meisterhaftes Spiel oder Verzicht.

Das Meisterhafte Spiel ist nur für jene zugänglich, die Meister im Golf sind. Sind Sie ein Meister? Können Sie den Ball nur mithilfe Ihres inneren Auges abschlagen? Wenn Ihre Konzentration nachlässt und Sie einen Fehler machen, beunruhigt Sie das, oder ist Ihr Bewusstsein nach wie vor ein stiller See? Wenn Sie kein Meister sind, sollten Sie auch nicht nach der Meisterschaft auf dem Golfrasen streben. Das wird nur zu Depressionen, Wahnsinn und dem Ende der Glückseligkeit führen. Versuchen Sie, Meisterschaft dort zu erlangen, wo sie nicht nur Ihnen und Ihrem Caddy nützt.

Der Verzicht kann drei Formen annehmen:

Andere Spiele. Beim Tennis, Racketball oder Squash kann man genauso gut ins Schwitzen geraten. Oder wie wäre es mit Poker, dem Spiel der Könige? Während die anderen immer noch den Golfschläger schwingen, liegen Sie nach einer Stunde im Geräteraum des Fitnessstudios entspannt in der Sauna oder auf dem Massagetisch. Sie können eine Menge tun, um nicht Golf zu spielen. Es gibt viele Männer und Frauen, die kein einziges Mal in ihrem Leben Golf gespielt und trotzdem großartige Dinge vollbracht haben.

Spielen Sie mit Trotteln. Es gibt immer Menschen, die gern im Freien sind und denen es nichts ausmacht, vor einigen sympathischen Kollegen den Trottel zu geben. Der Buddha liebt solche Leute. Verzicht in dieser Form eignet sich allerdings nicht für Elefanten, aber Sie brauchen ja auch nicht unbedingt in der Nähe des Elefanten zu sein, wenn das Schicksal ihn in den Abwasserkanal gespült hat.

Arbeit. Selbst der golfsüchtigste Elefant wird es Ihnen nicht übel nehmen, wenn Sie sich mit einem Eistee und einem großen Stapel Computerausdrucke auf die Terrasse des Golfklubs setzen. Irgendwo in den Tiefen seines verkümmerten Gehirns weiß auch der abhängigste Golfer, dass es Männer und Frauen gibt, die gerade nicht golfen, sondern arbeiten, und dass das gut ist.

Seien Sie nicht neidisch auf den Golf spielenden Elefanten und jene, die dabei in seiner Nähe sind. Bei einigen Orten ist es besser, nicht dort zu sein. Bei einigen Dingen ist es besser, sie nicht zu tun. Das Leben ist zu kurz, um sich mit Aktivitäten abzugeben, die in einem den Wunsch hervorrufen, es wäre kürzer.

Buddha-Weisheiten

Golf

► Wenn sich Ihr Elefant über Golf definiert und Sie nicht in der Lage sind, ihn von seiner Sucht zu heilen, und ihn auch nicht dazu bringen können, sich mit etwas zu beschäftigen, das nichts mit Golf zu tun hat, und Sie nicht den Rest Ihres Leben als emotionaler Krüppel, mit einem Neuner-Eisen in der Hand in einer Ecke Ihres Büros hockend, der Erinnerung an all die schönen Golfplätze, auf denen Sie gewesen sind, nachhängen und wirre Geschichten über lustige Erlebnisse mit Männern, die schon lange nicht mehr unter uns weilen, erzählen wollen, ist die Zeit gekommen, über etwas nachzudenken, das jedem Krieger das Blut in den Adern gefrieren lässt: Die Suche nach einem neuen Elefanten.

► Alle Elefanten ziehen früher oder später weiter. Golf spielende Elefanten gehen früher.

Konfrontation mit dem wütenden Elefanten

Erledigen Sie die obere Hälfte!
Ex-Emerson CEO Charles F. Knight zu einem Topmanager auf die Frage,
welches Projekt er zuerst in Angriff nehmen solle. Knight bekam einen
Wutanfall, zerriss die Liste in zwei Teile und gab sie zurück.

Angst ist wie Feuer. Wenn du nicht weißt, wie man damit umgeht,
kann es dich töten. Aber wenn du es richtig einsetzt, kann es dein
Haus wärmen.
Cus D'Amato, der Trainer von Mike Tyson

Viele Elefanten sind sanftmütig wie Lämmer ... zumindest die
meiste Zeit über. Warum sollten sie sich anders verhalten? Sie bekommen so viel Heu, wie sie fressen können, brauchen sich nicht
darum zu kümmern, wie es produziert wurde, und müssen auch
nicht in ihren Rüssel greifen, um es zu bezahlen. Sie werden von
ganzen Armeen kleiner Leute gewaschen und gebürstet, die sich
nichts mehr wünschen, als dies auch in Zukunft tun zu dürfen. In
der Regel gibt es in der Umgebung des Elefanten nichts, das ihm
missfallen könnte. Es ist einfach nichts da, das ihn wütend macht,
denn der Elefant kontrolliert das Universum.

Leider stimmt das nicht. Jeden Tag und in besonders stürmi-
schen Zeiten auch jede Stunde wird der Elefant damit konfrontiert,
dass er das, was über seinen kleinen Einflussbereich hinausgeht,
nicht unter Kontrolle hat.

Jeder Bodhisattwa weiß, dass sich das Universum von niemandem kontrollieren lässt. Es zieht unerbittlich seine Kreise und macht,
was es will. Es lässt sich von uns nicht beeinflussen. Alle Versuche,
das Universum unter Kontrolle zu bringen, werden und müssen
vergeblich sein. Elefant und Gnu, Spinne und Drache, Bürobote und
CEO, wir sind alle Teil des großen Nichts, das Alles ist. Das ist die
Lehre des Buddha.

Der Elefant weiß das nicht, weil er glaubt, *er* wäre alles. Aber wir
wissen, dass er nicht alles ist. Er ist nur ... na ja, ein Elefant eben.

Wenn man dem Elefanten vor Augen führt, dass zwischen dem, wofür er sich hält, und seiner wahren Natur Welten liegen, wird ihn das wütend machen.

An der Tatsache, dass der Elefant leicht reizbar ist und sein Zorn meist in keinem Verhältnis zum Anlass steht, können Sie nichts ändern. Ihnen bleibt lediglich, dem Elefanten in einer solchen, deprimierenden Zeit Gesellschaft zu leisten und, falls möglich, einen Vorteil aus der Nähe zu Ihrem Grauen zu ziehen.

Ach, es gibt so vieles, das den Elefanten wütend macht!

Als harter Geschäftsmann muss man einigen Leuten ganz altmodisch in den Hintern treten. Manchmal wähle ich zum Beispiel spontan die Nummer eines meiner Hotels oder des Trump Shuttle, nur weil ich wissen will, wie lange meine Mitarbeiter brauchen, um ans Telefon zu gehen. Wenn nach fünf- oder sechsmal Läuten noch immer nicht abgenommen wurde, sage ich dem Angestellten, der dann irgendwann ans Telefon geht, wer ich bin. Dann frage ich – ohne meine Verärgerung zu verbergen –, wo das Problem liegt. Ich habe festgestellt, dass dieser Mitarbeiter in der Regel nie wieder daran erinnert werden muss, welchen Standard ich erwarte.

Donald Trump

Geschäftsabschlüsse scheitern. Angehörige des anderen Geschlechts erfüllen die in sie gesetzten Erwartungen nicht – von Ehefrauen, die sich nicht scheiden lassen wollen, bis hin zu Freizeitgespielinnen, die der Meinung sind, sie hätten mehr verdient, als man ihnen geben will. Mitarbeiter funktionieren nicht so, wie der Elefant dies erwartet. In dem Laden um die Ecke ist das Lieblingsrasierwasser oder die Lieblingszigarrenmarke oder das Lieblingslipgloss des Elefanten gerade ausverkauft. Die Ergebnisse für das vierte Quartal haben sich nicht verbessert, sondern verschlechtert, weil der Elefant keine Kontrolle über eine Vier-Billionen-Dollar-Industrie hat, die ausgerechnet jetzt um zwei Prozent eingebrochen ist. Es regnet, aber der Elefant will Sonne haben, weil er übers Wochenende in die Berge fährt. Die Suppe ist nicht heiß genug. Der Hummersalat ist nicht kalt genug. Das Universum ist außer Kontrolle geraten! Hilfe!

Die Wutausbrüche des Elefanten dienen zur Wiederherstellung der Illusion, er hätte die Welt unter Kontrolle. Denn wenn er damit konfrontiert wird, welch unwichtige Stellung er im Universum einnimmt – ein Status, den er mit allen Kreaturen der Schöpfung teilt –, wird er sich instinktiv mit seiner Umgebung beschäftigen und versuchen, sie in eine ihm bekannte Form zu pressen. Wutausbrüche sind häufig das Mittel dazu.

Es gibt zwei Arten von Wut, mit denen Sie konfrontiert werden. Wenn Sie lange im riesigen Schatten des Elefanten leben wollen, müssen Sie damit umgehen können:

▶ Wut Nr. 1: Sie haben einen Fehler gemacht und dem Elefanten wehgetan.
▶ Wut Nr. 2: Sie haben nichts getan, außer da zu sein, als der Elefant mit seiner wahren Natur konfrontiert wurde.

Mit etwas Glück werden Sie es in der überwiegenden Mehrheit der Fälle mit Wut Nr. 2 zu tun bekommen. Wenn dem nicht so ist, könnte es durchaus sein, dass Sie gar nicht für einen Elefanten, sondern für ein Emu, eine Gazelle oder einen Archäopteryx arbeiten.

Die vierzüngige Peitsche konzentrierter Buße

Der Elefant ist Ihretwegen wütend

▶ Holen Sie tief Luft. Atmen ist Leben.
▶ Geben Sie Ihren Fehler sofort zu, in Würde und möglichst, ohne vor dem Elefanten am Boden zu kriechen. Es gibt Elefantenführer, die gar nicht mehr mit Kriechen aufhören, wenn sie erst einmal damit angefangen haben. Widerstehen Sie der Versuchung. Kriechen Sie nur so lange, wie Sie müssen, aber hören Sie dann damit auf. Und wenn Sie fertig sind, dürfen Sie sich keine Vorwürfe machen, dass Sie sich vor dem Elefanten in den Staub geworfen haben. Alle Kreaturen auf Gottes Erde sind irgendwann einmal auf dem Boden gekrochen. Das Stigma, das immer noch mit dem Kriechen verbunden sind, schadet letztendlich mehr als die Erniedrigung selbst. Der, der leichten Herzens kriecht, kriecht am besten.

Zusätzliche Buddha-Weisheit: Übertreiben Sie es nicht mit der Kriecherei. Wenn Sie mit dem Kopf nach unten im Staub liegen, können Sie die Sonne nicht mehr sehen.

▶ Versprechen Sie, die Ursache für den Wutausbruch des Elefanten so schnell wie möglich wieder in Ordnung zu bringen … selbst wenn Sie das nicht können.

▶ Verlassen Sie das Zimmer.

Die sechsblättrige Blüte falscher Buße

Der Elefant ist wütend, aber nicht Ihretwegen

▶ Hören Sie sich das Trompeten des Elefanten an. Kein Schmerz ist so groß wie der Schmerz des Elefanten, denn darin liegt die Erkenntnis, dass die Welt seine grenzenlosen Hoffnungen und hochfliegenden Träume nicht erfüllen wird. Stehen Sie mit erhobenem Kopf im Schatten seines Zorns. Er hat nichts mit Ihnen zu tun.

▶ Ertragen Sie die Ungerechtigkeit. Das Tier ist wütend auf das Universum. Sie sind Teil des Universums. Warum sollte es dann nicht auch auf Sie wütend sein? Akzeptieren Sie den Zorn. Sie sind ein Repräsentant des Kosmos, der den Elefanten beleidigt hat. Fühlen Sie, wie der Zorn des Grauen lodert. Er ist um Sie herum, über Ihnen, unter Ihnen. Aber er ist nicht in Ihnen! Er berührt Sie nicht!

▶ Fangen Sie keine Diskussion an. Der Elefant will nicht davon überzeugt werden, dass sein Verhalten irrational ist. Er möchte, dass Sie mitmachen. Lassen Sie ihn tun, was er tun muss – seine Elefantennatur auf die einzige Art und Weise ausdrücken, zu der er unter diesen Umständen fähig ist: durch einen Wutausbruch. Nehmen Sie die Wut des Grauen an. Tun Sie nichts. Und werfen Sie sich auf gar keinen Fall vor dem Elefanten in den Staub. Kriechen müssen nur die Schuldigen. Sie nicht. Schöpfen Sie Kraft aus Ihrer Unschuld!

▶ Akzeptieren Sie die falsche Schuldzuweisung. Seien Sie weder halsstarrig noch vernünftig, und lassen Sie sich auch nicht von Ihrem Selbst leiten. Als biegsames Schilfrohr im Wind müssen Sie bereit sein, eine Schuld anzunehmen, die nicht die Ihre ist, wenn es dem Elefanten dadurch besser geht. Sich für das zu entschuldigen, was Sie nicht getan haben, hat keinen Wert. Was also kostet es Sie, wenn Sie um Verzeihung bitten? Nichts! »Es tut mir Leid!« Sehen Sie? Das war doch nicht schwer, oder? Es kann sogar vorkommen, dass dem Elefanten nach diesem Akt der falschen Buße seine Ungerechtigkeit bewusst wird und sich seine Wut auf Sie etwas legt.

▶ Versprechen Sie zu helfen. Auch Versprechen sind nicht schwer zu geben. Sie können »der Sache auf den Grund gehen«. Sie können »die dafür verantwortlichen Personen finden«. Sie können »dafür sorgen, dass so etwas nie wieder passiert«. Sie können so vieles tun. Oder auch gar nichts. Ein Versprechen ist kein Ziegelstein.

▶ Bleiben Sie, wo Sie sind. Im Gegensatz zum Schuldigen müssen Sie sich für nichts schämen. Also haben Sie den Mut, im Mahlstrom der elefantischen Wut zu stehen, bis sie sich wieder gelegt hat. Denn wenn Sie jetzt gehen, wird der Elefant denken, Sie wollten irgendwo etwas tun, das Ihre Schuld mildert. Sie haben nichts zu befürchten und können daher Sie selbst sein. Warten Sie. Sehen Sie durch das Fenster nach draußen. Falls möglich, machen Sie Ihren Kopf noch leerer als sonst.

BUDDHA-WEISHEIT

▶ Ein Wutausbruch des Elefanten ist nicht das Ende der Welt. Das Ende der Welt ist bereits gekommen, weil es keine Welt gibt. Es gibt nur alles. Der Elefant ist wütend! Na und?

Wenn Sie von dem Elefanten mal genug haben

Wir haben gewonnen, weil wir eine gute Crew und ein starkes Boot und eine Menge Erfahrung hatten, und die Leute, die das nicht hatten, fahren jetzt bei der großen Regatta im Himmel mit.

Ted Turner über den Gewinn des in den Gewässern vor England stattfindenden Fastnet Race von 1979, bei dem 15 seiner Konkurrenten durch einen Sturm getötet wurden

Der große Elefant verweilt nicht auf dem Pfade des Kaninchens.

Zen-Sutra

Daraus lernen wir zweierlei:

1. Manchmal widert einen der Elefant derart an, dass man seine Gegenwart nicht mehr ertragen kann. Ted Turner hat sein Bootrennen gewonnen, weil andere dabei gestorben sind. Das mangelnde Mitgefühl für die toten Segler verschlägt einem den Atem. Jeder wird Verständnis dafür haben, wenn man das Gehege verlässt, nachdem der Elefant eine solche Aussage gemacht hat, die das wahre Ausmaß seiner Kaltblütigkeit, Selbstsucht und spirituellen Gleichgültigkeit offenbart.
2. Für den Elefanten sind Sie ein Kaninchen. Er hat kein Interesse an Ihrem Weg. Und daher ist es ganz einfach, dem Elefanten eine Weile aus dem Weg zu gehen und ihm fernzubleiben, indem man ganz einfach den eigenen Weg geht.

Orte, an die Sie gehen können, wenn Sie sich vom Elefanten entfernen wollen:

- ▶ in Ihr Büro
- ▶ in einen Park
- ▶ ins Restaurant
- ▶ nach Minneapolis
- ▶ in die Kirche

- ► nach Los Angeles (wenn Er in New York ist)
- ► nach New York (wenn Er in Los Angeles ist)
- ► nach Hause

Das können Sie zu dem Elefanten sagen, wenn Sie weg wollen:

- ► »Ich muss jetzt gehen.«
- ► »Bis später.«
- ► »Großer Gott. Ist es schon so spät?«
- ► »Ich melde mich in ein oder zwei Tagen wegen dieser Sache bei Ihnen.«
- ► »Ich werde den Rest der Woche wegen der Sache mit Studtz in Minneapolis sein.«

BUDDHA-WEISHEITEN

- ► Tief in seinem Inneren weiß der Graue, dass er unerträglich ist. Sie sind in Pflege und Dressur des Elefanten nun schon so weit fortgeschritten, dass Sie ihm das auf subtile Art und Weise klar machen können, um sich so etwas mehr Respekt zu verschaffen.
- ► Es ist gar nicht schlecht für den Elefanten, wenn er Sie mal vermisst.

Erschrecken Sie den Elefanten
mit Mäusen

Whatchu talkin' about, Willis?
Gary Coleman[9]

Elefanten lassen sich genauso verwirren wie wir alle, vielleicht sogar noch ein bisschen mehr, weil sie sich für so klug und allwissend halten. In der Fähigkeit, Verwirrung zu stiften, liegt der Schlüssel zu der damit zusammenhängenden Fähigkeit, das zu kontrollieren, was man verwirrt hat.

Denn so steht es geschrieben: Eines Tages kam ein großer Nabob und Krieger zum Buddha. Der Buddha hatte eine Menge zu tun, nahm sich aber trotzdem ein paar Minuten Zeit, um den berühmten Geschäftsmann zu empfangen. Der Nabob war sehr bekannt und sehr reich, aber als er der Kraft und Gelassenheit des Buddha und der Schlichtheit von dessen Umgebung gewahr wurde, erfasste ihn plötzlich eine Welle der Unsicherheit, jenes Gefühl, das hinter der zur Schau gestellten Fassade vieler mächtiger und reicher Potentaten lauert.

Er sagte zum Buddha: »Was ist los? Ich bin Geschäftsmann. Jeder tut, was ich sage, und ich könnte jetzt sofort zum nächsten Händler gehen und mir mit dem Geld in meiner Tasche ein Auto kaufen. Aber wenn ich Euch ansehe, werde ich nervös und zweifle an mir. Was geht hier vor?«

»Warte, bis ich mit meiner Arbeit fertig bin, dann werde ich es dir sagen«, erwiderte der Buddha.

Der Buddha telefonierte, nahm an einem Arbeitsessen im Konferenzraum teil und traf sich mit Dutzenden Leuten, mit denen er jeweils eine kurze Besprechung hatte, bei der ohne viel Tamtam eine Menge erledigt wurde. So ging es den ganzen Tag, und der große Mogul wartete geduldig.

Am Ende des Tages wandte sich der Buddha schließlich an seinen Besucher: »Okay, komm mit.« Er ging mit ihm zum Fahrstuhl und drückte auf den Knopf. »Ich habe dich so nervös gemacht, dass ich dich den ganzen Tag warten lassen konnte, ohne dir etwas Konkretes dafür zu versprechen. Du siehst, wie leicht es ist, mit dem Fuß in den falschen Schuh zu schlüpfen. Und jetzt geh«, sagte der Buddha.

Der Mogul betrat den Fahrstuhl und ging, erstaunt, ein wenig erleuchtet und erleichtert.

Alle, die den Sinn dieser Geschichte nicht verstehen, sollten sie so lange lesen, bis sie

1. sie verstehen oder
2. aufgeben und das nächste Kapitel lesen

Ein kleiner Tipp, um dieses Koan zu enträtseln: Elefanten haben keine Angst vor großen Dingen, beziehungsweise sie wollen vor sich und anderen nicht zugeben, dass sie Angst haben. Sie sind schließlich Elefanten!

Elefanten haben daher keine andere Wahl, als Angst vor kleinen Dingen zu haben, die an ihnen hochklettern und sie erschrecken. Zu diesen kleinen Dingen gehören unter anderem Mäuse, laute Geräusche, Überraschungen und unerwartete Enttäuschungen in Form von Tabellenkalkulationen, auf der Speisekarte verzeichnete, aber nicht erhältliche Gerichte, unangemeldete Besucher, die miese Laune eines höher gestellten Managers oder schlechte Nachrichten über die Wirkung von Süßstoff auf die menschliche Niere.

BUDDHA-WEISHEITEN

▶ Es gibt so viele winzige Dinge, die schief gehen und den Elefanten aus dem Gleichgewicht bringen können!
▶ Große Tiere brauchen ihr Gleichgewicht, um lebensfähig zu sein. Bereits ein kleiner Schubs an der richtigen Stelle kann sie zum Fallen bringen.
▶ Destabilisierende Kleinigkeiten zu beschaffen ist ein Leichtes …
▶ … und Sie erreichen damit auch gleich das Ziel des fortgeschrittenen Elefantenführers: Sie schaffen ein Problem und sorgen gleichzeitig für dessen sofortige Lösung.

Wie Sie den Elefanten kritisieren

Das ist so, als hätte jemand zu Mozart gesagt, dass in seiner Oper zu viele Noten sind. Welche Noten sollen wir Ihrer Meinung nach streichen?

Gordon M. Bethune, Chairman von Continental Airlines,
auf die Kritik staatlicher Stellen, die Fluggesellschaften
würden zu viele Flüge ansetzen

Ich habe ihm die Meinung gesagt.

Jamie Dimon über die Art, wie er Kritik an seinem ehemaligen Chef
und Mentor Sandy Weill übte

Elefanten glauben, sie würden Kritik vertragen. Wie bei so vielem machen sie sich auch in dieser Beziehung etwas vor.

Sicher, es ist möglich, dass Jamie Dimons Kritik an Weill nichts damit zu tun hatte, dass der einstige Protegé sich mittlerweile in einer Position befand, in der er keine Angst mehr davor haben musste, dem Elefanten eins auf den Rüssel zu geben. Wer's glaubt, wird selig. Es ist auch möglich, dass es fliegende Schweine gibt.

Jede bittere Pille aus Kritik, die man dem Elefanten hinhält, muss in einem großen Topf Schlagsahne versteckt sein. Denn so steht es geschrieben:

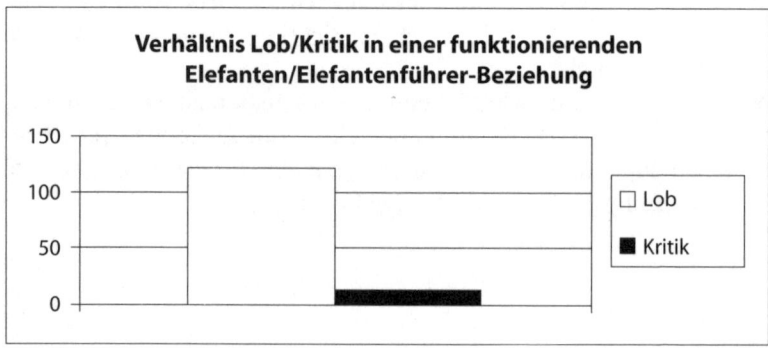

Es gibt natürlich viele Mittel und Wege, um das Lob an den Elefanten zu bringen, was grundsätzlich vor der gefährlichen Botschaft zu erfolgen hat:

- ▶ direkt
- ▶ indirekt
- ▶ von unten
- ▶ in kleinen, wohlschmeckenden Portionen
- ▶ als großer Ballen, den man hereinschleppt und dem Elefanten vor die Füße wirft
- ▶ in der Öffentlichkeit, mit viel Brimborium
- ▶ privat, als Geschenk
- ▶ laut
- ▶ leise

Sie verstehen, worum es geht! Seien Sie erfinderisch!

Es gibt jedoch nur exakt fünf Möglichkeiten, um kleine Kritikbrocken anzubieten, wenn es gar nicht mehr anders geht. Hier sind sie:

1. Privat, als zarte Andeutung der Möglichkeit einer klitzekleinen Wahrscheinlichkeit, das vielleicht etwas eventuell schief gelaufen sein könnte.

2. In der Öffentlichkeit, als laute und direkte Kritik einer anderen Person. »Morty, ich kann einfach nicht glauben, dass Sie das getan haben«, könnten Sie zu Morty sagen, wenn er denn so heißt. Morty hat dann zwei Möglichkeiten. Er kann sich verteidigen oder – was wahrscheinlicher ist – Ihnen zustimmen. Oder er wendet sich an den Elefanten und sagt: »Eigentlich war ich das gar nicht. Es war der Elefant da.« Natürlich würde sich niemand für diese Reaktion entscheiden, daher ist Ihre in dieser Form gemachte Kritik im Wesentlichen insofern ungefährlich, als der Elefant keine Veranlassung sieht, sich auf die Hinterbeine zu stellen und Ihnen eine zu verpassen.

3. Als offene und ehrliche E-Mail. Sie können zum Beispiel so anfangen: »Ich habe längere Zeit über HIER FÜGEN SIE DAS THEMA EIN nachgedacht, aber immer noch Schwierigkeiten damit, Ihre Annahmen zu verstehen. Lassen Sie mich ein paar Vorschläge dazu machen.« Das ist sachlich und bewirkt nicht, dass der Elefant sein Gesicht verliert. Ein Elefant mag sein Ge-

sicht und wird es zu schätzen wissen, wenn Sie sich Mühe geben, damit er es nicht verliert.

4. Beauftragen Sie jemand anders damit. Suchen Sie sich jemanden aus, der nicht gleich auf die Knie fällt und schreit: »Bob hat mich dazu gezwungen!«

5. Das lange Gesicht. Ein Bild sagt mehr als tausend Worte! Dann versteht es der Elefant vielleicht.

BUDDHA-WEISHEITEN

▶ Die Straße ist mit den Leichen jener gepflastert, die geglaubt haben, Elefanten würden selbst dann die Wahrheit hören wollen, wenn sie ihrem Selbstbild abträglich ist.

▶ Die Götter hassen unnötig dumme Menschen, die sich selbst ins Verderben stürzen. Das gilt sowohl für die buddhistischen Götter als auch für die aller anderen Religionen.

▶ Warum vergessen Sie's nicht einfach?

Wenn Sie gegen den Elefanten kämpfen müssen

Entweder bekomme ich Franks Job als President, oder ich kündige.
*Jeffrey Katzenberg zu Disney-CEO Michael Eisner weniger als 36 Stunden
nach dem Tod von Frank Wells, der Nummer zwei bei Disney*

Ich hasse diesen Winzling.
Michael Eisner über Jeffrey Katzenberg

Kampfsportarten sind ein Teil des Zen. Sensei Chuck Norris hat einmal gesagt: »Echte Kampfsportler gehen beim Unterrichten oder im Training immer davon aus, dass jeder einzelnen Bewegung nicht Gewalt, sondern das Leben zu Grunde liegt.« Das heißt, wenn alles andere nichts nützt und man kämpfen wird, muss der Kampf als Mittel zur Schöpfung und nicht als destruktiver Akt angesehen werden.

Wir haben es hier natürlich mit der bei weitem gefährlichsten Aktivität zu tun, in die ein angehender Bodhisattwa verwickelt werden kann. Selbst wenn Sie nicht sofort vernichtet werden: Elefanten erinnern sich bekanntermaßen noch lange an gewonnene und verlorene Schlachten, vor allem, wenn sie es dabei mit einem Gegner zu tun hatten, dessen Bonuspaket sie abzeichnen müssen.

So steht es geschrieben: Alle, die ihren Status und ihre Position behalten und auch in Zukunft keine Nachfragen wegen ihrer Spesenberichte bekommen wollen, tun gut daran, den Elefanten zu schlagen, ohne dass er etwas davon mitbekommt.

Sie haben zwei Möglichkeiten zuzuschlagen: entweder so schnell, dass dem Elefanten die Züchtigung erst bewusst wird, wenn sein abgetrennter Kopf durch das Büro fliegt, oder so langsam und geduldig, dass dem Tier nicht klar ist, dass überhaupt ein Kampf stattfindet.

Der schnelle Kampf

▶ Als Erstes müssen Sie sich Gedanken über das Thema machen, um das Sie mit dem Elefanten kämpfen wollen. Ihr Gehalt? Der Zeitpunkt Ihres Urlaubs? Der Kauf eines neuen Laptops? Die Vernichtung eines unliebsamen Widersachers, für den der Elefant bis jetzt verdächtig viel Toleranz gezeigt hat? Wichtiger noch: Was wollen Sie erreichen?

▶ Was haben Sie sich als Ziel gesetzt? 14.564 Dollar als Bonuspaket für das nächste Jahr? Einen neuen BMW? Das Recht, einmal im Jahr das Ferienhaus der Firma in Carefree, Arizona, zu benutzen? Dass der Elefant endlich versteht, warum es Ihnen aufgrund der allgemein schwachen Wirtschaftslage unmöglich ist, die Umsatzziele für das dritte Quartal zu erreichen? Egal, auf was Sie sich konzentrieren, Sie müssen sich darüber im Klaren sein, dass Sie es auf das Herz des Elefanten abgesehen haben.

▶ Achten Sie auf Ihre Fußstellung. Nein, nicht auf die Ihrer echten Füße; es geht um die Füße, auf denen Ihr Geist steht. Vergewissern Sie sich, dass sie festen Halt auf dem Boden haben und dass Ihr Chi sich direkt darüber befindet. Nur aus dieser Position heraus werden Sie zuschlagen können.

▶ Und los! In einer fließenden, schnellen Bewegung stoßen Sie dem Elefanten Ihre Hand in den Brustkorb und reißen ihm das dampfende Herz heraus. Einen Kampf mit dem Elefanten sollten Sie allerdings nur wagen, wenn Sie auch den Mut dazu haben. Zielen Sie gut. Für ein so großes Tier ist das Herz erstaunlich klein.

▶ Halten Sie das Herz des Grauen fest, bis er Ihnen gibt, was Sie haben wollen. Wenn es wieder an der dafür vorgesehenen Stelle sitzt, können Sie das Büro Ihres Elefanten ohne ein weiteres Wort verlassen oder dableiben und ein wenig mit ihm plaudern, bis Sie sich beide gefasst und wieder auf freundlichem Fuße miteinander stehen.

▶ Der Elefant wird mit Sicherheit nicht glauben, dass Sie für eine Weile seinen Zentralmuskel in der Hand gehalten haben. Er wird davon ausgehen, dass er das Ganze geträumt hat, sein Versprechen aber trotzdem halten. Wenn er das nicht tut, könnte es sein, dass Sie es nicht geschafft haben, ihm das Herz herauszureißen.

▶ Wenn das Herausreißen des Herzens nicht das gewünschte Ergebnis bringt – eigentlich sollte diese Methode immer funktionieren! –, müssen Sie unter Umständen ein anderes Organ verwenden. Aber mit dem Herzen des Elefanten lassen sich Ihre Wünsche am besten und zuverlässigsten erfüllen. Andere Organe sind wesentlich unappetitlicher.

Der langsame Kampf

▶ Diese Methode ist um einiges gefährlicher. Der Elefant wird zwar nicht wissen, dass er mit Ihnen kämpft, aber es wird ihm bewusst werden, dass Sie plötzlich irgendwie lästig sind. *Seien Sie vorsichtig.*

▶ Konzentrieren Sie sich wieder auf Ihr Ziel. Ein zielloses, halbherziges Gerangel mit dem Elefanten wird unweigerlich dazu führen, dass Ihre Karriere zur Konsistenz von Kichererbsenpüree zerquetscht und anschließend auf dem Fußboden verteilt wird, damit jeder einmal reintreten kann.

▶ Stellen Sie sich auf Ihre karmischen Zehen – die Zehen, die Ihren Geist noch ein paar Zentimeter heben können, ohne dass er dabei den Boden unter den Füßen verliert. Achten Sie auf Ihr Gleichgewicht, und sorgen Sie dafür, dass Sie bei Bedarf schnelle Ausweichbewegungen machen können.

▶ Und jetzt schleichen Sie sich gaaaanz langsam an den Elefanten heran, damit er Sie nicht bemerkt, und packen ihn an seinem riesigen Ohr … mit den Zähnen. Wenn Sie sich darin verbissen haben, lassen Sie es erst wieder los, nachdem der Elefant Ihren Wunsch erfüllt hat. Das ist natürlich ziemlich schwierig. Wenn es einfach wäre, müssten Sie ja nicht kämpfen.

▶ Sie müssen darauf gefasst sein, dass Sie mit Ihrem Körper sprechen oder essen müssen, während Ihr Geist das Ohr des Elefanten zwischen seinen Zähnen hat. Sie müssen außerdem damit rechnen, dass Ihr Chi während dieser Zerreißprobe durch die Luft geschleudert, gegen den nächsten Baum geschmettert und windelweich geprügelt wird.

▶ Wenn der Elefant Ihnen gegeben hat, was Sie haben wollen, lassen Sie sein Ohr los und verschwinden so schnell wie möglich. Warten Sie, bis sein Gedächtnisschwund für unangenehme Dinge einsetzt. Falls möglich, sollten Sie dem Elefanten erst wieder unter die Augen kommen, wenn er nach Ihnen fragt.

Schlussbemerkung

Nie, wirklich nie sollten Sie mit Ihrem Sieg prahlen, jemandem davon erzählen oder anderen gegenüber zu verstehen geben, dass eine Schlacht geschlagen wurde. Es hat ja gar keinen Kampf gegeben. Denn wer könnte schon gegen einen Elefanten gewinnen? Sie doch nicht!

BUDDHA-WEISHEIT

▶ Es gibt nur noch eine weitere Möglichkeit, um einen Elefanten im Kampf zu schlagen – man schließt sich einer Herde Schakale an. Diese Methode bringen wir Ihnen hier allerdings nicht bei.

Wenn Sie an der Seite des Elefanten kämpfen

Was den Wettbewerb angeht, bin ich wohl der gemeinste Scheiß-
kerl der Welt.

Thomas M. Siebel, Chairman und CEO von Siebel Systems

An der Seite des Elefanten zu kämpfen macht Spaß. Elefanten sind sehr ehrgeizige Tiere. Sie kämpfen gern gegen ihre Feinde. Wenn Sie bei einem solchen Kampf auf der Seite des Elefanten stehen, sollten Sie das als einen der Höhepunkte Ihrer Karriere ansehen.

Übertroffen wird dies nur noch dadurch, an der Seite des Elefanten zu sterben. Ein Vergnügen, das man leider nur einmal erleben kann.

BUDDHA-WEISHEIT

▶ Bewahren Sie Haltung. Kämpfen und sterben Sie. Mehr brauchen Sie nicht zu wissen.

Ignorieren Sie den Elefanten trotz seiner Größe und seines Gewichts

Wir sind ein Floh, der einen Elefanten angreift.
Sam Walton, Gründer von Wal-Mart, über seinen Konkurrenten Kmart

Drehen Sie mir nie wieder den Rücken zu, wenn ich mit Ihnen rede.
Jamie Dimon, Topmanager von Citigroup, bei einer Abendveranstaltung
zu Deryck Maughan, dem Vice Chairman des Unternehmens.
Als Maughan sich von ihm wegdrehte, packte Dimon ihn an den
Schultern und zerrte ihn herum, wobei ein Knopf am Revers von
Maughans Smoking abriss

Es steht geschrieben, dass der Buddha sein Erwachsenenleben in einem Anzug mit Weste, und ausgestattet mit Mobiltelefon, Rolodex und Terminkalender aus Leder, begann. Er hatte eine Frau und Kinder und nahm jeden Abend um 18.38 Uhr den Zug zurück in den Vorort, in dem er wohnte. Sein Vater, der sehr stolz auf den Erfolg seines Sohnes war, spielte eine wichtige Rolle in seinem Leben.

Eines Tages ließ der Buddha all das hinter sich, weil er sah, welch immense Bedeutung das Leid im Leben von Männern und Frauen hatte, und nach einem Weg suchen wollte, um ihm ein Ende zu bereiten. Das ist ihm auch gelungen, denn sonst wäre er nicht der Buddha geworden.

Vor ihm waren viele Elefanten aufgereiht, jeder von ihnen mit anderen Bedürfnissen, aber diese Elefanten bedeuteten ihm nichts, und er ignorierte ihre Größe, ihr Gewicht und die Tatsache, dass sie ihm ins Gesicht treten konnten. Weil er den Elefanten keine Macht über sich zugestand, lösten sie sich mit einem Mal in eine Art Nichts auf, wurden so leicht wie Luft und fast unsichtbar.

Frei und unbelastet betrat unser Mann den Weg, der zum Bodhibaum führte, eine sehr verbreitete Baumsorte, die man so gut wie überall findet.

Den Elefanten gefiel das gar nicht. Sie rasten. Sie tobten. Sie ließen seine Kreditkarten sperren. Aber der Buddha war auf seinem eigenen Weg, und wieder ignorierte er sie, und indem er sie ignorierte, pflanzte er die Samenkörner der Erleuchtung und Freiheit.

Ferner steht geschrieben, dass er sich dadurch eine Menge Ärger einhandelte. Der Buddha musste abgelegte Kleidung tragen. Das kann man an den Statuen sehen. Er bekam über ein Jahrzehnt lang kein anständiges Steak serviert. Er wurde nass, wenn es regnete. Er konnte sich nur schlechte Schuhe leisten. Und er litt ganz schrecklich unter der Ablehnung der Gesellschaft, die dazu geführt hatte, dass Elefanten, die er über alle Maßen liebte, böse auf ihn waren.

BUDDHA-WEISHEIT

▶ Wenn Sie den Elefanten ignorieren, werden Sie einen hohen Preis dafür zahlen müssen. Aber jeder Schüler wird irgendwann so handeln müssen, zumindest einmal in seinem Leben. Fangen Sie klein an, indem Sie Ihren Elefanten übers Wochenende ignorieren. Wenn es gut läuft, können Sie die Dosis langsam steigern.

Zeigen Sie dem Elefanten
Dankbarkeit

Wenn du einen verhungernden Hund aufliest und ihn fütterst, wird er dich nicht beißen. Das ist der Unterschied zwischen Hund und Mensch.

Mark Twain

Wenn Sie wegen dem Elefanten Sodbrennen haben, sollten Sie daran denken, dass er Sie auf die Geschäftsreise nach New Orleans geschickt hat, wo Ihre Karriere richtig angefangen hat. Wenn er Sie so nervös macht, dass Sie bei einem Knacken im Unterholz zwei Meter in die Höhe springen, sollten Sie daran denken, dass Sie sich Ihr Haus und den bequemen Sessel, in dem Sie jetzt sitzen und den Vögeln in den Bäumen zuhören, nur leisten können, weil Sie für ihn arbeiten.

Der Elefant bereichert Ihr Leben. Er sorgt dafür, dass Sie sich auch noch über andere Themen als den Tod Sorgen machen können. Er gibt Ihnen die Möglichkeit, an Großem teilzuhaben. Er ist der Punkt, auf den Sie Ihre Gefühle, Ihre lang- und kurzfristigen Träume, Ihren Hass und Ihre Liebe konzentrieren können.

Es ist nur recht und billig, dass Sie ihm Ihre Dankbarkeit zeigen. Außerdem ist es klug.

Der Elefant kann sich Ihre Dankbarkeit auf vielerlei Art verdienen. Aber wie der Buddha sagte, als ihm ein Schüler drei Seidenkrawatten von Dior als Geschenk überreichte: »Ein nettes Geschenk kommt immer gut an, so lange es ohne einen Hintergedanken gegeben wird, der so offensichtlich ist wie ein Pickel auf der Nase. Zwischen einem dankbaren Schüler und einem berechnenden Schleimer liegt ein himmelweiter Unterschied! Es kommt immer auf das Maß an. Und jetzt tu die Krawatten weg. Mir gefällt das Muster nicht.«

Der Buddha war nicht wütend, denn der Buddha wurde niemals wütend. Aber seit damals hatte er die Telefonnummer des Schülers. »Warum schenkst du mir nicht noch eine Krawatte?«, fragte der Buddha ihn von Zeit zu Zeit. Und dann lachte er sein göttliches Lachen!

BUDDHA-WEISHEITEN
Über die Dankbarkeit

Der Elefant ...	Sie geben dem Elefanten ...
erlaubt Ihnen zu arbeiten	nichts
erhöht Ihr Gehalt um 5 %	ein kurzes Danke im Fahrstuhl
erhöht Ihr Gehalt um 10 %	einen Dankesbrief
gibt Ihnen einen dicken Bonus	ein schönes Geburtstagsgeschenk (unter 200 Dollar)
gibt Ihnen Aktienoptionen	ewige Treue
gibt Ihnen einen Firmenwagen	Ihr erstgeborenes Kind
verschont Sie bei einer Entlassungswelle	eine bewegende Dankesrede spätabends, wenn alle anderen schon nach Hause gegangen sind
wird mit einer Stripperin in Las Vegas erwischt	eine gute Ausrede
wird bei einer Umstrukturierung gefeuert	einen festen Händedruck

Bewahren Sie den Elefanten
vor Schaden

Ich rauche nicht mit der Prostata.
Herbert Kelleher, CEO von Northwest Airlines, auf die Frage,
warum er weiterhin Kette raucht, obwohl bei ihm
Prostatakrebs diagnostiziert wurde

Genau wie Kinder glauben auch Elefanten, dass sie unzerstörbar sind. Und wie Kinder sind sie verwundbare, unbeholfene, nackte und haarlose Geschöpfe, die Wind, Regen und Schnee ausgesetzt sind, ganz zu schweigen von den Angriffen anderer Elefanten, Schakale und sogar Menschen.

Leider weiß der Elefant es überhaupt nicht zu würdigen, wenn Sie versuchen, ihn zu beschützen. Da er an seine Perfektion und Unverwundbarkeit glaubt, wird er sehr wahrscheinlich wütend werden, wenn er sieht, dass Sie ihn vor Schaden bewahren wollen. Schließlich ist er ein Elefant und deshalb unzerstörbar!

Vor einigen Jahren begegnete der Buddha einmal einem mittelgroßen Elefanten, der ein herzensguter Kerl war, aber leider unter schwerem Selbstbetrug litt.

Dieser nette, aber allzu leichtgläubige Elefant war lange Zeit beim Militär gewesen und glaubte, dass Tiere aus demselben Unternehmen automatisch loyal zueinander wären. Eigentlich hatte er damit ja auch Recht, aber er schloss die Führungsetage in sein Weltbild mit ein. Und das war ein Fehler. Der Buddha stellte fest, dass der Elefant an die Loyalität seiner Chefelefanten glaubte, und das Herz wurde ihm schwer.

Als die Zeit gekommen war, um zu entscheiden, wer nach einer großen Fusion die Ecke der Welt leiten sollte, die bisher im Verantwortungsbereich des Elefanten gelegen hatte, ging er zum Oberelefanten, der nicht nur sein Chef war, sondern, wie der kleinere Elefant glaubte, auch sein Freund.

»Sie sind mein Elefant«, sagte der ältere und größere der beiden Elefanten. »Wenn die Umstrukturierung vorbei ist, werden Sie ganz oben stehen.« Und der kleinere Elefant kehrte voller Hoffnung in sein Büro zurück und sagte zum Buddha: »Murray ist mein Freund. Er würde mich nicht anlügen. Ich bin sein Kumpel, und alles wird wieder gut.«

Der Buddha brach mit seinen Gepflogenheiten und sagte zu dem Elefanten, er lebe in einer Traumwelt. Denn wenn die Seniorelefanten sich wirklich um diese Angelegenheit kümmern wollten, hätten sie es schon längst getan. »Murray ist mein Freund und ein großartiger, loyaler Elefant«, erwiderte der kleine und leicht verwirrte Elefant daraufhin. »Er würde mich nie reinlegen.«

Der Buddha sah, dass er nichts tun konnte, um den kleinen Elefanten zu beschützen, weil es in dessen Natur lag, sich selbst zu zerstören, mit ganzer Kraft und Entschlossenheit und in vollem Vertrauen darauf, dass er Recht hatte. Nachdem er versucht hatte, den Elefanten vor sich selbst zu retten, ohne grausam zu ihm zu sein, lehnte der Buddha sich zurück und tat das, was sich für einen Buddha gehört – nichts.

Sie können nichts tun, um den Elefanten vor seiner elefantischen Natur zu retten. Aber Sie können es versuchen. Versuchen und nichts tun sind beileibe nicht unvereinbar miteinander. Es zu versuchen ist Ihre Pflicht. Und im Nichtstun liegt der Frieden, den Zen mit sich bringt. Tun Sie beides gleichzeitig.

Sie können versuchen, den Elefanten vor etwas zu beschützen, das ihn vielleicht verletzt. Aber ein solcher Versuch muss im Rahmen der täglichen Pflege des Elefanten erfolgen und darf nicht als Maßnahme gegen Unannehmlichkeiten oder körperlichen Schaden zu erkennen sein. Denn der Elefant will nicht beschützt werden.

Um Ihre Aufgabe angemessen erfüllen zu können, müssen Sie die richtigen Werkzeuge zur Verteidigung haben und wissen, wie man sie über den Kopf wirbelt wie der treue Samurai sein Schwert. Tod den Elefantenfeinden!

BUDDHA-WEISHEITEN

Hilfsmittel zur Verteidigung des Elefanten

▶ **Die Limousine.** Sie schützt den Elefanten vor den Unbilden der Natur und Leuten, die in sein hermetisch abgeriegeltes Dasein eindringen wollen.

- **Der Terminkalender.** Wenn Sie Einfluss auf den Inhalt der Schnittstellen zum Elefanten haben, können Sie vieles tun, um ihn vor Schaden zu bewahren. Der derzeitige Präsident der Vereinigten Staaten beispielsweise wird von seinen Elefantenführern rund um die Uhr gepflegt und sieht, isst und denkt vermutlich auch nichts, was ihm von seinen Beratern, die er von seinem Vater übernommen hat, nicht vorgekaut wurde. In einem ungeschützten Gehege wäre aus ihm kein so erfolgreicher Elefant geworden.

- **Die Wahrheit.** Wenn der Elefant im Herbst sämtliche Lagerbestände rot anstreichen lassen will, sollten Sie sich nicht scheuen, ihm ein paar unangenehme Dinge um die Ohren zu hauen. Die Wahrheit zu sagen ist im Sinne des Zen. Dafür umgebracht werden allerdings nicht.

- **Nichts tun.** Wenn das Unvermeidliche geschieht, braucht der Elefant einen freundlichen, liebevollen und objektiven Pfleger, der ihm wieder auf die Beine hilft und Alkohol auf seine Wunden gießt. Das ist nicht einfach. Aber einen Vorteil hat die Sache: Den Alkohol gibt es meist umsonst.

Wenn Elefanten aneinander geraten

Wenn Elefanten miteinander kämpfen, wird das Gras zertrampelt.
Afrikanisches Sprichwort

Also liegen Sie nicht einfach so im Gras herum, Sie Trottel. Stehen Sie auf. Sehen Sie sich um. Und verduften Sie.

Natürlich ist es nicht immer so einfach. Aber man hat in der Regel Gelegenheit zur Meditation, in der man Erkenntnisse und Strategien findet, bevor man die Beine in die Hand nimmt und anfängt zu laufen.

Beurteilen Sie die Situation. Handelt es sich hier wirklich um einen ernsten Zusammenstoß? Wenn Sie ein guter Elefantenführer sind, werden Sie sich häufig in Räumen wiederfinden, in denen gleich mehrere große Tiere sind. Wenn die Elefanten ihren Namen verdient haben, werden sie sich ständig gegenseitig auf die Probe stellen, nach Schwächen beim anderen suchen und die Länge ihrer Stoßzähne miteinander vergleichen. Das ist völlig normal und für Sie kein Grund zur Beunruhigung.

Nur ein kompletter Schwachkopf wird es übersehen, wenn sich ein schweres Gewitter am Horizont zusammenbraut.

Wir haben vieles über den Kampf der Titanen bei Citigroup gelesen, bei dem die beiden obersten Dickhäuter, Sandy Weill und John Reed, aneinander gerieten. In den Tagen vor ihrem letzten Aufeinandertreffen waren beide wiederholt in Planungsbesprechungen zu finden, deren Tagesordnungspunkte nicht eindeutig zu bestimmen waren. Laut dem Kamasutra des Unternehmertums (dem *Wall Street Journal*) wandte sich Mr Weill bei einer dieser Besprechungen mit einer Frage an Mr Reed. Während Mr Reed die Frage beantwortete, verdrehte Mr Weill demonstrativ die Augen. Als Mr Weill wenig später das Wort ergriff, hatte Mr Reed plötzlich etwas ungeheuer Interessantes zum Lesen gefunden, und er sorgte dafür, dass das auch alle Anwesenden mitbekamen.

Es gibt mehrere Möglichkeiten festzustellen, ob zwei mächtige Elefanten auf eine Kollision zusteuern:

- Ihr Elefant bezeichnet den anderen als Arschgesicht.
- Sie werden zu einer Besprechung mit dem anderen Elefanten eingeladen, und Ihr Elefant findet es heraus. Daraufhin steckt er Ihnen zwei Tage lang das Ende seines Rüssels in den Allerwertesten, bis das Sitzen für Sie selbst im weichsten Sessel zur Qual wird.
- Ihr Elefant beschwert sich bei Ihnen über den anderen. Dann müssen Sie in die Tirade des Elefanten einstimmen und über den anderen schimpfen. Wehe, wenn Sie das nicht tun!

Als Nächstes müssen Sie herausfinden, welcher Elefant gewinnen wird. Wenn Sie die Situation mit Ihrem Zen-Auge betrachten, dürften Sie den Sieger schnell gefunden haben. Welcher der beiden Grauen sieht so aus, als könnte er ein Kilo rohes Fleisch fressen, ohne auch nur einmal wegen der vielen Fliegen mit der Wimper zu zucken? Welcher der beiden wirkt nervös und unruhig?

Überleben gehört natürlich auch dazu. Und daher verschwindet der kluge, fortgeschrittene Elefantenführer, nachdem er die Grundversorgung des ihm anvertrauten Tiers sicher gestellt hat. Sie brauchen keine Gewissensbisse wegen dieser scheinbaren Feigheit zu haben. Elefanten kommen allein zurecht, und manchmal ist das auch ganz gut.

BUDDHA-WEISHEIT

- Die Toten wissen, was Ruhm und Ehre ist. Aber sie haben nichts davon.

Wenn der Elefant es auf Sie abgesehen hat

Ich bin manchmal total hysterisch … und fünf Minuten später habe ich mich schon wieder beruhigt. Wenn ich meine Gefühle unterdrücken würde, könnte ich meinen Job nicht machen.
Mary Meeker, Internet-Analystin bei Morgan Stanley

Wer zum Erwachen hin sein Denken eingerichtet,
auf rechte Art und gern auf Weltliches verzichtet,
Wer frei von Leidenschaft und jeglichem Verlangen,
Der ist schon in der Welt zum Frieden eingegangen.
Aus dem Dhammapada[10]

Frauen und Elefanten vergessen eine Kränkung nie.
Saki

Von Elefanten wird fälschlicherweise behauptet, sie würden nie etwas vergessen. Diese Unterstellung stammt von Leuten, die noch nie etwas mit Elefanten zu tun gehabt haben.

Doch wie alle großen Lügen enthält auch diese ein Fünkchen Wahrheit. Es braucht nur eine kleine Veränderung, und schon stimmt der Satz: Ein Elefant vergisst *Kränkungen* nie.

Liebenswürdigkeit, Freundschaft, ja sogar Liebe streicht der Elefant mühelos aus seinem Gedächtnis. Das liegt daran, dass er an emotionalem Gedächtnisschwund leidet. Diese Krankheit – wenn es denn eine ist – wird immer schlimmer, je größer und mächtiger der Elefant wird. Genau genommen ist dieses Leiden aber kein Nachteil, denn aufgrund des emotionalen Gedächtnisschwunds kann der Graue mit leichtem Gepäck reisen.

Das Erinnerungsvermögen des Elefanten für Vorfälle und Menschen, die ihn in seinem Stolz verletzt haben, wächst mit der Zeit. Es kann durchaus vorkommen, dass ein Journalist, der sich einmal über die Krawatte des Elefanten lustig gemacht hat, nach zehn Jahren auf einer Party von dem Tier angegriffen wird. Und einem Angestellten, der wochenlang in heruntergekommenen Motels ge-

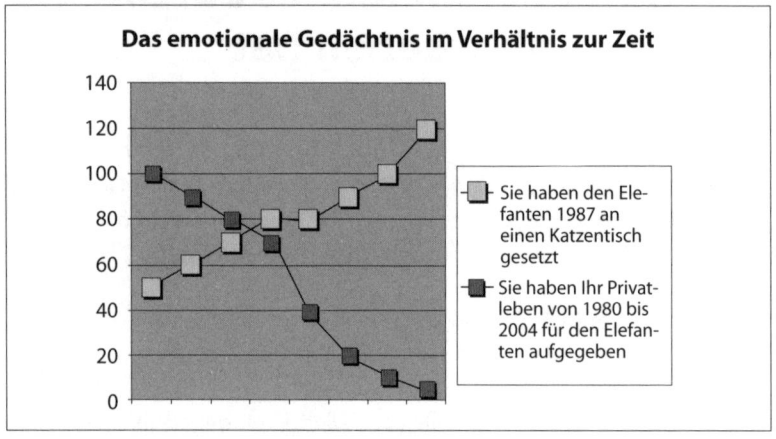

Das emotionale Gedächtnis im Verhältnis zur Zeit

Sie haben den Elefanten 1987 an einen Katzentisch gesetzt

Sie haben Ihr Privatleben von 1980 bis 2004 für den Elefanten aufgegeben

schlafen hat, weil er das ganze Land nach Möglichkeiten für Umsatzsteigerungen abgesucht hat, kann es passieren, dass ihm bei der nächsten Entlassungswelle ohne ein Wort des Bedauerns vom Elefanten gekündigt wird. Geschäft ist Geschäft.

Es steht geschrieben, dass der Buddha einmal einem großen Elefanten begegnete, der erst vor kurzem so mächtig geworden war. Das Tier genoss seinen neuen Status sichtlich. »Gestern habe ich einen Anruf bekommen«, sagte der Elefant zum Buddha und fügte hinzu, dass der Anruf von dem einzigen Elefanten stammte, der noch größer war als er.

»Was hat er gewollt?«, fragte der Buddha.

»Er hat gesagt: ›Jetzt, da du ein großer Elefant geworden bist, sollten wir uns einmal zum Mittagessen treffen‹«, antwortete der Elefant lächelnd.

»Und was hast du gesagt?«, wollte der Buddha mit einem kleinen, erwartungsvollen Lächeln auf den Lippen wissen.

»Ich habe gesagt: ›Nein, danke. Du hast nie zurückgerufen, wenn ich dich darum gebeten habe, warum also willst du jetzt mit mir Mittag essen?‹« Der Elefant lachte. Und der Buddha auch. Dann tranken sie zusammen einen Kaffee.

Verstehen Sie jetzt? Ein Elefant vergisst nie eine Kränkung – alles, was seine Gefühle verletzt. Er nimmt zwar keine Rücksicht auf die Gefühle anderer, aber was seine eigenen angeht, ist er sehr, sehr empfindlich. Sie tun also gut daran, die Gefühle Ihres Tiers nicht zu verletzen, denn sonst könnte es sein, dass Sie sich einen neuen Elefanten suchen müssen.

Folgendes vergisst Ihr Elefant allerdings sehr schnell:

- ▶ Alles, was Sie getan haben, um ihn glücklich zu machen.
- ▶ Alles, was Sie getan haben, um ihn unglücklich zu machen.
- ▶ Alles, was Sie getan haben, um ihn wütend zu machen.
- ▶ Alles, was Sie getan haben.
- ▶ Sie

Das ist natürlich ein großer Trost für alle, die einem Elefanten dienen, ihm schmeicheln oder gut zureden, ihn führen oder auf sonst eine Weise manipulieren.

Sicher, manchmal sieht es so aus, als würde der Elefant Sie hassen. Aber wenn es keinen Grund dafür gibt – ob klein oder groß, dumm oder ernst, echt oder eingebildet –, sollten Sie einer solchen Feindseligkeit Ihres Dickhäuters keine Bedeutung beimessen.

Löst dieser Gedanke nicht angenehme Empfindungen bei Ihnen aus? Finden Sie nicht, dass er ungeheuer beruhigend wirkt?

Der Elefant scheint Sie heute nicht zu mögen …?

Na und? Was für ein Berg der Freude liegt in der Wolke der Gleichgültigkeit verborgen, die im Zen für Manager zu finden ist!

BUDDHA-WEISHEITEN

- ▶ Im Folgenden eine Liste der Dinge, die für das Leben anderer sehr wichtig sind, Ihnen persönlich aber nichts bedeuten sollten, weil Sie sie weder verursacht noch Einfluss darauf haben:
  - ✔ Erdbeben
  - ✔ Wassermangel
  - ✔ Wetter
  - ✔ Es gibt keinen Käsekuchen mehr
  - ✔ durch Fusionen ausgelöste Entlassungswellen
  - ✔ unerwartete Todesfälle, die mit den Worten »Er ist einfach im Fahrstuhl umgefallen!« kommentiert werden (einschließlich Ihres eigenen)
  - ✔ Der Elefant ist böse auf Sie und/oder lässt seine schlechte Laune an Ihnen aus

▶ Wenn es Ihnen dagegen Spaß macht, ein Trottel zu sein und sich für etwas, das Sie gar nicht getan haben, selbst zu ohrfeigen, nur weil eine Autoritätsfigur mit Ihrem Kopf spielen will – bitte schön, tun Sie sich keinen Zwang an. Aber das hat weder etwas mit Pflicht noch mit dem Buddha zu tun. Gehen Sie in eine Buchhandlung, steuern Sie direkt auf das Regal mit den Selbsthilfebüchern zu, und suchen Sie sich dort etwas, in dem es um Selbstachtung geht.

▶ Wenn Sie bei Ihrem Elefanten in Ungnade gefallen sind, sollten Sie weiterarbeiten, ihm möglichst nicht unter die Augen kommen und den Dingen ihren Lauf lassen. Warum besuchen Sie nicht einmal einen anderen Elefanten und sehen sich an, mit was sich andere Leute herumschlagen müssen? Auf der anderen Seite der Organisationsstruktur ist das Gras immer grauer.

Sie scheinen es sich mit dem Elefanten verscherzt zu haben

Ich habe einfach nicht damit gerechnet. Ich dachte, irgendwann
mal könnten wir einen trinken gehen und über alles reden.
Jamie Dimon, nachdem er von seinem Mentor Sandy Weill
gefeuert worden war

Kein Haifisch gleicht dem Hasse.[11]
Buddha, zitiert in einer im Magazin Forbes *erschienenen Sammlung*
von Gedanken über das Geschäftsleben

Es gibt einen Unterschied zwischen zeitweiliger Grausamkeit, Wan-
kelmut, Unhöflichkeit und Vernachlässigung seitens des Elefanten
(also wie immer) und dem Entschluss, Sie loszuwerden. Nicht, weil
er wütend auf Sie wäre, sondern einfach, weil er beschlossen hat,
dass die Welt ohne Sie schöner ist.

Aufgrund der in den vorangegangenen Kapiteln erworbenen
Weisheit müssten Sie den Unterschied erkennen können. Wenn Sie
nicht beim Anblick eines Schattens erschrecken, wenn Sie nicht bei
jeder Bewegung des Elefanten anfangen zu zittern, werden Sie wissen, wann der Sensenmann an die Tür Ihres Büros klopft.

Mit Wut hat das nichts zu tun, aber sehr wohl mit Bedauern. Es
ist das Ende Ihrer Zeit als Führer dieses Elefanten, falls Sie nicht
einige sehr drastische Schritte unternehmen.

Jamie Dimon dachte, er und der Weillefant könnten einen trinken gehen und über alles reden? Da hat er sich ganz gewaltig geirrt!
Der Graue war fertig mit seinem ehemaligen Protegé und konnte es
gar nicht abwarten, die Zukunft ohne ihn zu genießen. Warum?
Weil das mit einem Mal möglich war.

So groß die Liebe des Elefanten ist, so groß ist auch seine Fähigkeit, diese Liebe sofort zu vergessen, wenn sie vorbei ist. So sind
eben die Tiere, denen wir dienen.

Ein Elefant, der mit Ihnen abgeschlossen hat, wird Sie ohne er-
kennbares Vergnügen oder Bedauern auslöschen, egal, wie lange
Sie mit ihm zusammen waren, weil bei dem Grauen dort, wo nor-

malerweise das Herz sitzt, nichts ist. Für den Dickhäuter zählt nur das Geschäft. Sonst nichts.

»Er ist ein guter Mann«, wird der Elefant zu den anderen Dickhäutern sagen. »Aber er musste weg. Es ist nichts Persönliches. Es ist rein geschäftlich.«

Genau.

Aber warum nehmen wir es dann so persönlich? Weil wir dumm und naiv sind und in Unwissenheit leben.

Und doch muss es nicht so sein. Wir können uns genauso kalt und geschäftsmäßig verhalten wie unsere Elefanten, wenn auch wir der Lehre der Gleichgültigkeit folgen, die in unserem Gewerbe eine zentrale Rolle spielt. Vor allem, wenn wir den Punkt erreichen, an dem wir erkennen, dass der Elefant, von dem wir abhängig sind, uns aus seinem Gehege verbannen möchte. Alles scheint verloren. Aber es gibt noch ein letztes Mittel, mit dem man es versuchen könnte. Es ist schwierig. Doch es kann gelingen.

Bereiten Sie sich gut darauf vor. Denn jetzt ist der Moment gekommen, in dem Sie sich unterwerfen müssen.

Stellen Sie sich das Ganze so vor: Sie sind ein Schokoriegel. Die süße, weiche Füllung bleibt, wie sie ist. Aber die äußere Schicht muss so geformt werden, dass sie die Bedürfnisse des Elefanten erfüllt, selbst wenn es nur für ein allerletztes Mal sein sollte.

In dem, was Sie nicht sind, liegt eine große Freiheit. Ein Sklave ist nur, wer sich an sich selbst fesselt. So schwer einem der Dienst für den Elefanten auch fallen mag – totale Unterwerfung ist weitaus schlimmer. Aber sie ist notwendig. Sie müssen ein neues Gesicht aufsetzen – eines, das Ihr Grauer noch nicht kennt.

Zum Glück finden wir in dieser schwierigen Situation Rat und Hilfe in den Worten des Buddha, die uns in einem möglicherweise apokryphen Sutra von Schülern überliefert wurden, welche bei der Ausarbeitung einer komplizierten Fusion ein langes Wochenende mit dem Meister verbrachten. Aus irgendeinem Grund werden solche Geschäfte meistens kurz vor Weihnachten abgeschlossen, was vielleicht daran liegt, dass Topelefanten sich um diese Zeit herum immer so einsam fühlen. Die Gruppe war also dazu verdonnert worden, stundenlang im Konferenzraum eines abgelegenen Sheraton-Hotels herumzusitzen und darauf zu warten, dass die Controller mit dem nächsten Packen Gewinnprognosen hereinkamen.

Während dieser Zeit näherten sich einige jüngere Mönche dem Buddha und fragten ihn, wie sie es anstellen sollten, ihre Jobs zu behalten, obwohl eigentlich schon klar war, dass ihre Elefanten sie nach Abschluss der Fusion feuern würden. Hier nun die Mitschrift ihrer Diskussion:

F: Buddha, habt Ihr viel zu tun?

A: Was bedeutet diese Frage? Ich habe immer viel zu tun, aber für manche Dinge habe ich immer Zeit.

F: Wir sind hier, weil wir fest davon überzeugt sind, dass unsere Vorgesetzten unserer müde geworden sind und uns gegen neuere Modelle eintauschen wollen.

A: Habt ihr Mist gebaut?

F: Vielleicht. Keiner von uns ist ein Genie. Wir sind nur durchschnittliche Leute, die sich bemühen, ihren Job so gut wie möglich zu machen.

A: Habt ihr euren Meister irgendwie beleidigt?

F: Vielleicht. Wir können manchmal ziemlich lästig sein.

A: Euer Meister spricht nicht mehr mit euch?

F: Nur, wenn wir ihn anreden.

A: Ah. Dann ist ein positiver Akt der Unterwerfung erforderlich. Ihr müsst euch vor das Tier auf den Boden legen, seinen Fuß auf euren Kopf heben und es bitten, nach Belieben mit euch zu verfahren. Nur auf diese Weise kann das Gleichgewichtsgefühl des Elefanten herausgefordert und seine Entscheidung, euch zu vernichten, rückgängig gemacht werden.

F: Meister, dieser Rat erfüllt uns mit Angst und Besorgnis.

A: Das mag sein. Nur wenige haben die Kraft, dem Elefanten die völlige Unterwerfung anzubieten. Die meisten klammern sich an falsche Stärke und ungerechtfertigten Stolz und werden daher vom Gewicht des Unvermeidbaren zerquetscht.

F: Wann ist der Moment der Unterwerfung gekommen?

A: Es darf weder zu spät noch zu früh sein. Ich will euch eine Geschichte erzählen.

F: Okay.

A: Ein junger Freund von mir wurde vor einiger Zeit auf eine Führungsposition berufen. Er ist klug und begabt und arbeitet sehr hart, aber wie so viele andere ist er kein Genie. Etwa sechs Monate, nachdem er seine Stellung angetreten hatte, kam ein Seniorelefant von einer langen Geschäftsreise in den Fernen Osten zurück und machte sich in einem Büro breit, dass nur ein paar Meter von dem meines jungen Freundes entfernt lag.

Fast unmittelbar danach wurde klar, dass der neue Elefant es auf meinen jungen Freund abgesehen hatte und ihm seinen Job neidete. Es gab Streit und Reibereien, und alle waren unglücklich.

»Was soll ich tun, Buddha?«, fragte mich der junge Mann. Ich antwortete folgendermaßen: »Was ist dir lieber? Deine gute Position oder dein Stolz?« Das war das Problem. Er musste sich unterwerfen, denn sonst würde man ihn feuern. »Geh«, sagte ich zu ihm. »Ermögliche es diesem Elefanten, dich als Schüler zu sehen, nicht als Feind. Tu so, als würdest du ihn lieben. Gib vor, ihm gegenüber loyal zu sein. Tu, was man dir sagt. Brich deinen Stolz in zwei Teile, falte sie ordentlich zusammen und steck sie dir in die Ohren.«

Und genau das tat der junge Mann dann auch, meine Freunde. Heute ist er der Stellvertreter des großen Elefanten und wird aller Wahrscheinlichkeit nach ein großes, Gewinn bringendes Verkaufsgebiet von ihm erben.

Er hat weder das Missfallen des Elefanten vorweggenommen, indem er sich unnötigerweise vor ihm in den Staub geworfen hat, noch darauf gewartet, bis der Elefant so wütend war, dass er den jungen Mann nicht mehr als nützliches Objekt sehen konnte. Er hat genau richtig reagiert – und seinen Stolz, nachdem er ihn aufgegeben hatte, wieder eingepflanzt und kräftig gegossen, bis er aufblühte wie eine dieser riesigen Sonnenblumen, die man entlang des Highways im Mittleren Westen des Öfteren sieht.

F: Danke, Buddha.
A: Keine Ursache.

BUDDHA-WEISHEITEN

▶ Der Elefant ist zu Hass und Gemeinheiten fähig, die so groß sind wie sein Appetit.

▶ Der Elefant muss Sie als Verlängerung seiner Wünsche und Bedürfnisse ansehen. Wenn Sie sehr gut sind, wird sich das Tier einreden, dass es eine Schwäche für Sie hat, und zumindest eine Weile alles tun, um Sie zu halten.

▶ Die meiste Zeit über können Sie dem Elefanten dienen, indem Sie einfach Ihre Pflicht erfüllen. Aber manchmal genügt es nicht, nur seine Pflicht zu tun. Dann sollten Sie sich überlegen, ob Sie sich nicht unterwerfen wollen.

▶ Tun Sie es nur, wenn Sie es auch wirklich wollen. Es ist ein ausgesprochen schmerzhafter Prozess, und wie wir gesehen haben, ist sowieso alles egal.

▶ Wenn sowieso alles egal ist, warum versuchen Sie es dann nicht einfach?

Transzendieren Sie Liebe und Hass des Elefanten

In Taten, Worten und Gedanken sind die Weisen
Gemäßigt, und als selbstbeherrscht sind sie zu preisen.
Aus dem Dhammapada [1]

Wir haben die unerschöpfliche Quelle der Befriedigung gesehen, die mit dem Ende allen Strebens, dem Ende aller Wünsche, dem Ende aller Gefühle zu fließen beginnt.

Wir haben gesehen, dass die großen Elefanten sich im Gegensatz zu Ihnen nicht um individuelle Gefühle kümmern, weil sie sich selbst beigebracht haben, die ungeheure Bandbreite menschlicher Interaktionen als »geschäftliche Angelegenheit« zu sehen, und dass ihnen diese Distanz eine unberechenbare Macht gibt.

Thomas Siebel feuert wahllos Mitarbeiter. Er ist ein rachsüchtiger, skrupelloser Kerl. Die meisten Menschen spielen nach Win/Win-Regeln. Er spielt Win/Lose – er legt es darauf an, einen zu vernichten.

Ehemaliger Angestellter von Siebel Systems

Auch die Liebe gibt einem Macht und kann eine ausgezeichnete Waffe sein – aber nur, wenn man das Objekt der Liebe ist, nicht der Liebende. Leider ist meist der Elefant derjenige, der geliebt wird. Der Dienst am Elefanten ist ohne Liebe fast unmöglich, und an einem bestimmten Punkt müssen wir dem Tier alle möglichen Beweise der Zuneigung schenken, die es gar nicht verdient hat. Nach einer Weile findet man seine Angewohnheiten drollig. Man vergibt ihm seine Unfreundlichkeit und seine kleinen Sünden. Man muss den lieben, dem man dient. Das ist die größte Schwäche des naiven Geistes, der nicht im Sinne des Zen denkt.

Leider ist der Elefant ein höchst unzuverlässiger Empfänger solch überschwänglicher emotionaler Geschenke. Nur zu oft er-

172

widert das Tier diese Ehre mit Gleichgültigkeit. Wenn Sie es vermeiden können, sollten Sie daher nicht lieben. Oder, wenn Sie lieben, diese Liebe als das sehen, was sie ist – eine Schwäche, geboren aus dem Ernst der Sache und der intimen Nähe, die die Pflege des Grauen mit sich bringt. Und gehen Sie nie davon aus, dass der Elefant Sie so lieben wird wie Sie ihn. Sie werden mit Sicherheit enttäuscht werden.

Ich hoffe, die Würmer fressen ihm die Augen raus.
Jimmy Hoffa, als er von der Ermordung John F. Kennedys hörte

Auch Hass ist eine schlechte Strategie. Hass ist eine Säure, die letzten Endes den zerstört, der hasst, und dem, der gehasst wird, nur selten schaden kann. Jimmy Hoffa zum Beispiel war ein großer Hasser. Hatte sein abgrundtiefer Hass etwas mit dem Karma zu tun, das Mr Hoffa schließlich unter dem Zement des Giants Stadium in New Jersey entsorgte? Das müssen Sie selbst entscheiden.

Schon im *Mahabharata* steht geschrieben: »Jener, der andere so sieht, wie er sich selbst sieht, der keine Vergeltung mehr üben will und seinen Zorn überwunden hat, wird in der nächsten Welt Glückseligkeit erlangen.«

Und vielleicht sogar in dieser.

BUDDHA-WEISHEITEN

▶ Leihen Sie sich den Film *Love Story* aus.
▶ Sehen Sie ihn sich an.
▶ Wenn Sie die Szene, in der Ali MacGraw stirbt, ohne ein Taschentuch überstehen, sind Sie auf dem richtigen Weg.
▶ Wenn Sie bei der Szene, in der Ali MacGraw stirbt, lachen wollen, können Sie mit dem Teil für Experten weitermachen.

Wenn Sie den alten Elefanten durch einen neuen ersetzen müssen

You're not the boss of me now,
And you're not so big.
They Might Be Giants

Auch du, mein Sohn Brutus!
Julius Cäsar, als Brutus auf ihn einstach

Es gibt viele Elefanten auf dieser Welt. Ihren. Den Ihres Kollegen. Ihrer ist natürlich der größte. Aber außer ihm gibt es noch eine Menge anderer.

Halten Sie die Augen offen. Es könnte eine Zeit kommen, in der Sie sich ein neues Tier besorgen müssen. Dies wird der Fall sein, wenn Ihr Elefant stirbt oder schon tot ist.

Dass ein Elefant stirbt, erkennt man daran, dass er noch übler riecht als sonst und von den anderen Elefanten gemieden wird. Im letzten Stadium kann der Elefant außerordentlich bösartig werden. Darüber hinaus wird er eventuell versuchen, nach seinen Feinden zu schlagen, wofür er dann Sie als Waffe benutzt. Es ist nicht zu empfehlen, sich als Waffe benutzen zu lassen.

Es könnte auch sein, dass der sterbende Elefant sich auf Sie legt, wenn er nach seiner letzten Ruhestätte sucht. Das würde Ihnen aus nahe liegenden Gründen allerdings nicht gut bekommen.

BUDDHA-WEISHEITEN

▶ Sie können sich durchaus nach einem neuen Elefanten umsehen, wenn Ihrer nicht mehr lange leben wird, aber es ist besser, erst einmal abzuwarten.

▶ Zeigen Sie in der Öffentlichkeit keine Trauer für Ihren sterbenden Elefanten, denn das könnte die Leute auf den Gedanken bringen, Sie mit ihm zusammen zu begraben.

- Sie sollten es auch vermeiden, Ihren sterbenden Elefanten in der Öffentlichkeit zu tadeln. Elefanten hassen illoyale Elefantenführer und werden Sie ablehnen, falls sie das Gefühl haben, Sie würden ihr Ableben nicht betrauern, wenn ihre Zeit gekommen ist.
- Wenn Sie alles getan haben, was in Ihrer Macht steht, und Ihr Elefant tatsächlich dem Untergang geweiht ist, treten Sie zehn Schritte von dem sterbenden Tier zurück und bleiben dort stehen. Nach einiger Zeit wird etwas mit Ihnen geschehen, das nichts mit dem Schicksal des Elefanten zu tun hat.
- Sehr wichtig: Lassen Sie sich nicht von Schuldgefühlen überwältigen. Das ist nicht im Sinne des Zen. Sicher, wenn *Sie* gehen müssten, würde der Elefant ein leises Bedauern verspüren. Aber er würde trotzdem keine einzige Mahlzeit auslassen.

Für Experten:
Wie man den Elefanten führt

Ich habe keine Begabung; ich mache aus der Geistesgegenwart
eine Begabung.
Ich habe keinen Freund; ich mache mir den Geist zum Freund.
Ich habe keinen Feind; ich mache mir die Zerstreuung zum Feind.
Ich habe keine Rüstung; ich mache mir aus Güte meine Rüstung.
Ich habe keine Burg; ich mache den unbeugsamen Geist zu
meiner Burg.
Ich habe kein Schwert; ich mache aus der Stille des Geistes
mein Schwert.
Glaubensbekenntnis eines unbekannten Samurai aus dem
14. Jahrhundert

Einige Vorbemerkungen

Der vernünftige Mensch passt sich der Welt an; der unvernünftige besteht auf dem Versuch, die Welt sich anzupassen. Deshalb hängt aller Fortschritt vom unvernünftigen Menschen ab.

George Bernard Shaw

Wir haben viel Zeit damit verbracht, unseren Grauen kennen zu lernen. Wir haben mit ihm getrunken, mit ihm zusammen Mahlzeiten eingenommen, ihm erzählt, was er hören will, und ihm – im fortgeschrittenem Stadium – auch einiges gesagt, was er nicht hören will.

Wir haben seine Wutausbrüche ertragen und sogar die schwierigen Zeiten überstanden, in denen er uns unbedingt loswerden wollte. Wir haben gelernt, lautes Trompeten und üblen Gestank zu ignorieren und uns um nichts zu kümmern, weil es außer dem Nichts und unserer Pflicht nichts gibt.

Die letzte Lektion ist nun in greifbare Nähe gerückt. Oder besser gesagt, in greifbare Nähe unseres Geistes.

Denn nur mit unserem Geist können wir den Elefanten packen und ihm seinen letzten Trumpf entreißen: seinen schier unüberwindbaren Widerstand, der auf seiner immensen Kraft beruht.

Wie soll das gehen? Indem wir uns genauso verhalten wie bisher. Wir werden atmen. Wir werden meditieren. Wir werden unser süßes, leeres Zentrum beibehalten. Wir werden unser geistiges Auge auf die Gesamtheit des Universums richten, in dem sowohl wir selbst als auch der Elefant nur bedeutungslose Staubkörnchen sind. Spielt es eine Rolle, welches von zwei unscheinbaren Aschestückchen im großen Hochofen ein wenig größer ist, wenn sie sich langsam in die Lüfte erheben und eins mit dem Himmel werden?

Es ist ohne jede Bedeutung.

Einen Elefanten zu führen braucht zwar Mut, aber keine langen Überlegungen. In dem Moment, in dem wir innehalten und darüber nachdenken, was wir zu erreichen versuchen, wird der Elefant sein körperliches Selbst wiedererlangen – und stehen bleiben.

178

Würde es jemandem, der bei klarem Verstand ist, einfallen, einen Elefanten hinter sich herzuziehen? Nein. Aber wir sind ja schließlich nicht bei klarem Verstand. Wir haben uns dafür entschieden, den Verstand auszuschalten. Und das ändert die Sachlage vollkommen.

So legen Sie den Elefanten an die Leine

Fest muss der Hirt das Leitseil packen,
darf es nicht loslassen,
denn noch hat der Ochse schlimme Neigungen und wilde Kraft.
Bald rennt er ins Hochland hinauf,
bald läuft er tief in Stätten voller Dunst und Nebel
und verweilt dort.

Text zum Vierten der Zehn Ochsenbilder,
Japan, zwölftes Jahrhundert [13]

Als Erstes müssen wir den Elefanten an die Leine legen. Aber aus welchem Material besteht diese Leine? Ist sie aus Leder? Sicher nicht.

Nein, die Leine, von der wir hier sprechen, ist die aus der Aufmerksamkeit des Elefanten geflochtene Leine. Obwohl Sie das Tier zu diesem Zeitpunkt schon sehr gut unter Kontrolle haben, wird es doch immer wieder weglaufen, wenn sein überaus aktives Gehirn beschließt, dass es sich für eine Weile auf etwas anderes als Sie konzentrieren will.

Aber Sie können keinen Elefanten führen, dessen Aufmerksamkeit nicht auf Sie gerichtet ist.

Die Leine ist das Band der Aufmerksamkeit zwischen Ihnen und Ihrem Elefanten. Sie muss aus dem Stoff Ihrer Geduld und Konzentration geflochten und dem Grauen dann lose um den Hals gelegt werden.

Es steht geschrieben, dass ein Zen-Meister – jung an Jahren, aber reich an Erfahrung – eng mit einem sehr alten Elefant zusammen arbeitete, der in seinem Leben schon viel erreicht hatte und immer noch sehr vital und aktiv war.

Der Zen-Meister brauchte den Elefanten oft, aber der Elefant riss immer wieder aus und wanderte umher. Außerdem hatte er die Angewohnheit, ohne groß darüber nachzudenken immer wieder dieselben langen und außerordentlich langweiligen Geschichten zu erzählen, und zwar nicht nur zwei- oder dreimal, sondern jedes Mal, wenn jemand versuchte, geschäftlich mit ihm zu verhandeln.

Ein Elefantenführer, der mit seinem Selbst und den Mühen des Tages schon genug zu tun hat, wäre entweder völlig übergeschnappt, hätte den Elefanten auf diese lästige Angewohnheit aufmerksam gemacht oder wäre abrupt zu den geschäftlichen Angelegenheiten übergegangen, die ihm am dringendsten vorkamen. Aber dieser Meister hatte sein Selbst überwunden und wusste, dass die Zeit für den, der die abgrundtiefe Belanglosigkeit von allem versteht, keine Bedeutung hat.

Als der Elefant daher sagte, »Habe ich dir eigentlich schon erzählt, wie mich der Premierminister von Frankreich um einen Rat zum internationalen Währungssystem gebeten hat?«, verneinte der Zen-Meister, weil er wusste, dass der Elefant nicht zu den Punkten B bis Z gehen konnte, ohne vorher Punkt A gestreift zu haben.

Deshalb hatte der Zen-Meister immer und zu jeder Zeit die Aufmerksamkeit seines an einem Aufmerksamkeitsdefizit leidenden Elefanten, denn er wusste um das Wesen dieses Elefanten und führte ihn sanft an der Leine der eigenen Erleuchtung zu der Arbeit hin, die getan werden musste.

BUDDHA-WEISHEITEN

▶ Im Folgenden eine Liste der Elefanten, die aufgrund der schlechten Qualität ihrer Aufmerksamkeitsleine nicht geführt werden können:

✔ betrunkene Elefanten
✔ wütende Elefanten
✔ übermüdete Elefanten
✔ Elefanten, die gerade telefonieren oder ihre E-Mail bearbeiten
✔ geile Elefanten
✔ schlafende Elefanten
✔ Elefanten, die gezwungen werden, Salat zu essen, obwohl sie viel lieber ein saftiges Steak hätten.

Im Folgenden eine Liste der Elefanten, die sich aufgrund der besseren Beschaffenheit ihrer Aufmerksamkeitsleine etwas leichter führen lassen:

✔ gelangweilte Elefanten
✔ paranoide Elefanten

- ✔ einsame Elefanten
- ✔ angenehm schläfrige Elefanten
- ✔ gut gelaunte Elefanten
- ✔ Elefanten, die nach Abwechslung im Geschäftsleben suchen (Fusionen, Übernahmen, Zwangsverkäufe, internationale Expansion usw.; Projekte, die über das bedrückende Einerlei des Tagesgeschäfts hinausgehen)
- ✔ Elefanten, die gerade ein Steak essen

Erste Schritte mit dem angeleinten Elefanten

Nicht wer in Kampf und Schlacht besiegt viel tausend Krieger,
Nur wer sich selbst besiegt, der ist der höchste Sieger!
Aus dem Dhammapada[14]

Geschickte Lotsen gewinnen ihren Ruf bei Stürmen und Unwettern.
Epikur

Sie haben den Elefanten inzwischen im Schlepptau. Seine erste Reaktion wird sein, sich gegen das Seil zu wehren, damit er seinem natürlichen Instinkt folgen und nach Belieben herumstreifen kann.

Und genau das müssen Sie dem Tier erlauben. Sie dürfen nicht gleich die Leine packen und anfangen, den Elefanten in der Gegend herumzuziehen, als wäre er ein Pudel. Ein solches Verhalten wird unweigerlich im Misserfolg enden und dazu führen, dass sie erhebliche Mengen Staub und Schmutz schlucken werden.

Die Leine sitzt an ihrem Platz, und das Ziel des Elefantenführers ist ganz klar: Die Leine muss so straff wie möglich gehalten werden. Wenn man stark ist und die Konzentrationsleine von einem fortgeschrittenen Zen-Praktiker angefertigt wurde, kann man damit die Bewegungen des Elefanten auf einen bestimmten Bereich eingrenzen. Das ist der Anfang von echter Kontrolle. Der Elefant, dem mehrere Möglichkeiten zur Verfügung stehen, wird auf diese Weise effektiv geführt. Grafisch dargestellt sieht das so aus:

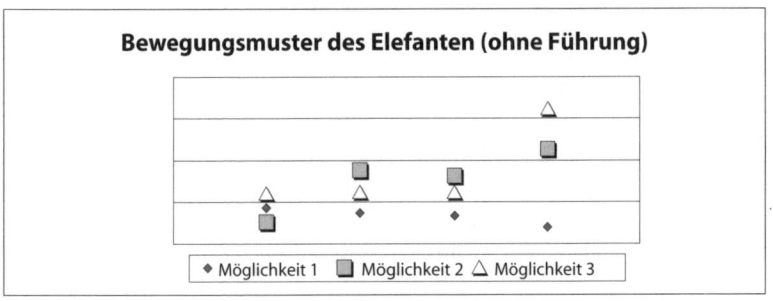

Bewegungsmuster des Elefanten (ohne Führung)

◆ Möglichkeit 1   ■ Möglichkeit 2   △ Möglichkeit 3

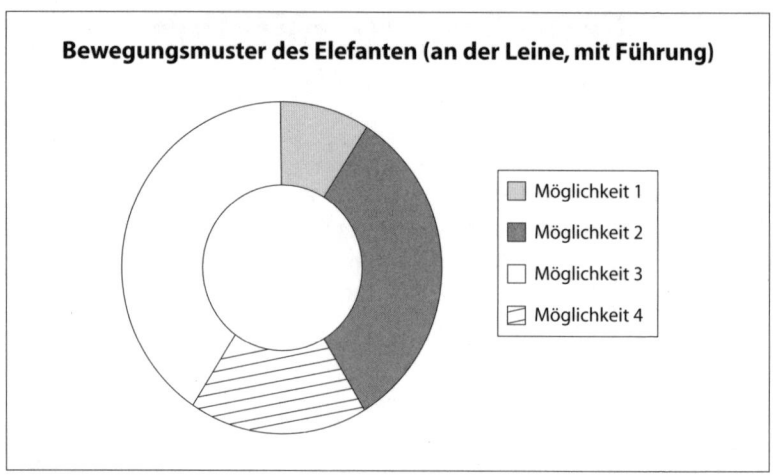

Bewegungsmuster des Elefanten (an der Leine, mit Führung)

Möglichkeit 1
Möglichkeit 2
Möglichkeit 3
Möglichkeit 4

Sie befinden sich dabei in der Mitte.

Nach einer Weile wird der Elefant vergessen, dass er an der Leine liegt, und innerhalb des Kreises bleiben, weil er dort ein Maximum an Komfort findet. Das Tier wird die lockere Kontrolle durch die Leine quasi erwarten und in gewisser Weise auch dankbar dafür sein. Nach einiger Zeit wird es vergessen, dass es eine Leine trägt, aber die Wirkung bleibt gleich – Sie können dem Dickhäuter jetzt in einem beschränkten Radius eine Richtung vorgeben.

Das muss vielleicht noch einmal klar gesagt werden. Sie können jetzt innerhalb gewisser Grenzen bestimmen, wo der Elefant hingehen und was er tun soll, wenn er dort angekommen ist.

Es gibt einen guten Grund dafür, dass persönliche Referenten und Sekretärinnen die besten Elefantenführer sind. Diese Menschen entscheiden im wahrsten Sinne des Wortes, wo der Elefant sein müdes Haupt zur Ruhe betten wird. Hat er eine Zimmerreservierung für das Mirage oder das Bellagio? Wird er gezwungen sein, einen Nachtflug zu nehmen, um rechtzeitig bei der Sitzung in Boca Raton zu sein, oder kann er den Firmenjet nehmen, was bedeutet, dass er erst am nächsten Morgen fliegen muss? Wird der Elefant ein mit Hühnchen belegtes Sandwich bekommen? Wird das um 13 Uhr geschehen? Welche Termine können ohne Probleme abgesagt werden? Muss seine Frau immer wissen, wo er sich gerade aufhält? Referenten und Sekretärinnen halten viele Leinen in der Hand!

BUDDHA-WEISHEITEN

▶ Sie können das Tier jetzt ab und zu etwas herumführen. Mit der Zeit wird es immer besser gehen.

▶ Üben Sie! Zuerst mit Kleinigkeiten, dann auch mit wichtigeren Angelegenheiten, aber nur, wenn Sie genau wissen, was Sie wollen.

▶ Wenn Sie nicht genau wissen, was Sie von dem Elefanten wollen, brauchen Sie sich erst gar nicht die Mühe zu machen, ihn herumzuführen. In diesem Fall sollten Sie sich damit zufrieden geben, einfach nur die Leine zu halten.

▶ Macht muss ausgeübt werden, sonst geht sie verloren.

Klettern Sie auf den Elefanten

Bei einem wahren Sieg besiegt man den Gegner nicht. Bei einem
wahren Sieg gibt man Liebe und berührt das Herz des Gegners.
Morihei Ueshiba (1883–1969), Begründer des Aikido

Sie haben den Elefanten an die Leine gelegt. Sie haben ihn im Kreis
herumgeführt. Aber das Herumführen ist ein langsamer Prozess,
der zudem noch wenig zielgerichtet ist. Um die vollständige Kontrolle über den Elefanten zu bekommen, müssen Sie auf das Tier
klettern und sich mit den Hacken hinter seinen Ohren fest klemmen.

Auch hier können Sie die Leine aus der Aufmerksamkeit des Elefanten als Hilfsmittel benutzen.

Bevor Sie das Tier jedoch lenken können, müssen Sie nach oben
kommen. Dazu könnten Sie wie eine Zecke oder ein Wurm mühsam am Bein des Elefanten hochklettern und sich Zentimeter für
Zentimeter auf Ihr Ziel zubewegen, während Sie dem Dickhäuter
Ihre Stiefel in die Seite schlagen und in den weichen Hautfalten seines Fleisches nach Halt suchen.

Das ist eine Ihrer unwürdige Methode, die außerdem eine unzu-
lässige Nähe zum Körper des Elefanten mit sich bringt. Es ist besser
und eher im Einklang mit dem von Ihnen eingeschlagenen Weg der
Erleuchtung, sich über einige ordentlich aufeinander gestapelte
Gegenstände auf den Rücken des Elefanten zu schwingen.

Aus was baut man einen stabilen, zum Klettern geeigneten Stapel? Manche haben dafür Golfschläger, Möbel und sogar Papier ver-
wendet. Aber die Meister wissen, dass es für diesen Zweck nichts
Besseres gibt als andere Menschen.

Ein oder zwei Leute werden nicht genügen. Wenn Sie über andere klettern wollen, um Ihren Elefanten zu besteigen, werden Sie
recht viele brauchen. Und genügend Leute zusammenzubekom-
men, damit Sie einen sicheren Halt haben, ist schwierig und dauert
lange. Sie müssen sich die Kandidaten genau ansehen und dafür
sorgen, dass sie sich nicht mehr bewegen können, bevor sie aneinander gelegt und in den Stapel gesteckt werden.

Als Rohmaterial eignen sich zwei Arten von Menschen:

1. willige
2. unwillige

Die Willigen sind jene, die Sie tagtäglich unterstützen und sich mit Freuden in einen hübschen Stapel quetschen lassen, damit Sie in die richtige Position kommen: Leute, die für Sie arbeiten, Kunden und Lieferanten, denen Sie das Leben geschenkt haben, Kollegen, die von Ihnen vielleicht einen ähnlichen Dienst erwarten, wenn es für sie an der Zeit ist, einen Elefanten an die Leine zu nehmen.

Die Unwilligen sind jene, die Sie unter Umständen erst einmal k.o. schlagen müssen, bevor Sie sie in den Stapel einpassen können, den Sie brauchen, um auf den Rücken des Elefanten zu gelangen: Leute, die für Ihren Grauen arbeiten, Kollegen, die von Ihnen überholt wurden, Feinde, die in die benötigte Form schikaniert und manipuliert werden können, und möglicherweise auch der aus handverlesenen kleineren Elefanten bestehende Kader Ihres Elefanten, der ihm dabei hilft, die Unbilden dieser Welt zu ertragen.

Egal, ob willig oder unwillig, aus diesen Leuten bauen Sie jetzt einen Stapel, der etwa bis zur Spitze des Elefantenohrs reicht. Wenn Sie damit fertig sind, packen Sie mit beiden Händen die Leine, nehmen Anlauf und klettern über Ihren Stapel aus Verbündeten und Hilfsmitteln an einen Ort auf dem Rücken des Elefanten, der knapp vor der breitesten Stelle eines imaginären Sattels in der Mitte liegt.

Wie sieht die Welt von hier oben aus? Ein bisschen unheimlich, aber ganz gut, stimmt's?

BUDDHA-WEISHEIT

▶ Wenn Sie auf dem Rücken des Elefanten sitzen, dürfen Sie nicht vergessen, die Gruppe gefälliger Menschen, die Ihnen beim Besteigen des Dickhäuters geholfen haben, wieder an ihre Arbeit zu schicken. Sie brauchen sie vielleicht noch einmal!

So reiten Sie den Elefanten

Man kann einem Elefanten das Tanzen beibringen, aber die Wahrscheinlichkeit, dass er einem dabei auf die Füße tritt, ist sehr hoch.
Gary Moss, Vice President von Campbell's Soup

Das stimmt. Aber nicht, wenn Sie ein paar Meter über diesen gefährlichen Füßen sitzen. In dieser Position befinden Sie sich inzwischen. Wenn Sie ein Selbst hätten, könnten Sie jetzt zu Recht stolz auf sich sein.

Trotzdem dürfen Sie sich jetzt, wo Sie auf dem Rücken einer Kreatur sitzen, die zu den Furcht erregendsten, größten und eigenwilligsten Tieren dieser Welt gehört, ein wenig Freude gestatten – aber nicht, ohne sich der damit verbundenen Risiken bewusst zu sein.

Sie wiegen nicht viel, und wenn Sie ein guter Reiter sind, wird Ihre Gegenwart dem Elefanten überhaupt nicht lästig sein. Der Graue dürfte die von Ihnen ausgeübte Kontrolle sogar recht angenehm finden, da Elefanten in der Regel selbst unter ihrem unkonzentrierten, energetischen und kapriziösen Wesen leiden. Da sie viele Wünsche und Sehnsüchte haben, müssen sie auch viel leiden. Sie dagegen haben keine mehr und können Ihrem Dickhäuter durch selbstloses Handeln eine Freude machen, indem Sie ihn durch die Gegend reiten und die Harmonie des Daseins spüren lassen.

Doch es ist unerlässlich, die Aufmerksamkeitsleine des Elefanten fest in der Hand zu halten und genau zu wissen, wo Sie mit ihm hinwollen. Und es versteht sich von selbst, dass es erheblich einfacher ist, den Elefanten zu einem klar umrissenen Ziel zu reiten, das einen gewissen Nutzen hat, als mit ihm zu einem Ort aufzubrechen, der im Nebel der Ungewissheit und Selbstverherrlichung verborgen liegt.

Je größer das Ziel ist und je offensichtlicher es Ihren Zwecken dient, desto schlechter werden Sie auf dem Elefanten reiten können, da das Tier es natürlich merkt, wenn seine Wünsche bei der von Ihnen eingeschlagenen Richtung unerfüllt bleiben. Was noch schlim-

Was Sie dem Elefanten erlauben können	Was Sie dem Elefanten nicht erlauben sollten
Zum Ort der nächsten Management-Tagung zu laufen	Nach Las Vegas zu laufen
Ans Büfett zu stürmen	Zu der Investmentbank zu wechseln, die vom Bruder Ihrer Frau geleitet wird
Die Zahlen für das 3. Quartal angesichts der Konjunkturlage einen Prozentpunkt nach unten zu korrigieren	Einer Kollegin nachzuhecheln
Den wahren Charakter von Murphy zu erkennen, der ein kompletter Idiot ist	Sich ständig nach einer Frau namens Heather zu erkundigen
An Weihnachten Think-Tank-Besprechungen anzusetzen, weil er sich einsam fühlt und nichts zu tun hat, wenn andere Leute mit ihrer Familie zusammen sind	Ein bekanntes Consulting-Unternehmen mit der Umstrukturierung der Führungsetage zu beauftragen
Übernahmen, die das Unternehmen und das Managementteam stärken	IBM zu übernehmen, obwohl Ihre Firma zurzeit die kleinen Bürsten am Ende von Staubsaugerrohren herstellt
Dem Drang zu widerstehen, alles hinzuwerfen, die Firma zu verkaufen und Sie und Ihre Kollegen auf dem Trockenen sitzen zu lassen	Leute anzuschreien, weil das »nicht nett« ist
Sie dieses Jahr mit nach Davos zu nehmen	Sie zu adoptieren

mer ist, nach einer Weile wird der Graue bemerken, dass Sie auf seinem Rücken sitzen, und Sie wie einen kleinen Vogel, der zu eifrig in seiner Haut nach Insekten pickt, abschütteln.

Aber für jene Menschen, die sich über die Richtung im Klaren sind und ein geeignetes Ziel vor Augen haben, gibt es nichts Schöneres, als auf einem Tier zu reiten, dessen Macht nun durch *ihre* Hände fließt.

Sehen Sie sich die erbärmlichen Winzlinge da unten an! Atmen Sie die frische Luft auf dem Rücken des Elefanten ein! Das Leben ist schön!

Buddha-Weisheiten

▶ Sie können jederzeit absteigen, indem Sie über den Kopf des Elefanten am Rüssel nach unten klettern. Bringen Sie dem Elefanten bei, dies zu tolerieren, und nach kurzer Zeit wird er auch gelernt haben, Sie auf seinen Rücken zu heben. Dann haben Sie es wirklich geschafft. Die Hilfe anderer Leute werden Sie in diesem Fall nur noch selten brauchen.

▶ Zögern Sie nicht, getreue Freunde zu einem kleinen Ritt auf dem Elefanten einzuladen. Solche Freundschaften halten ewig, selbst wenn der Graue schon längst weg ist.

Hebeln Sie den Elefanten aus

Die Praxis der Zen-Meditation wirkte in zweifacher Hinsicht unterstützend: Sie förderte Selbstlosigkeit und hob die Grenzen zwischen Leben und Tod auf. Ersteres half dem Samurai dabei, eine Geisteshaltung zu entwickeln, die vollständige Unterwerfung und Loyalität gegenüber dem Meister beinhaltete. Indem er die wahre Natur der Selbstlosigkeit erkannte, konnte der Samurai sich selbst völlig verleugnen und sein Leben einzig und allein für seinen Herrn führen. Letzteres versetzte ihn in die Lage, ohne jede Klage oder Angst zu töten und getötet zu werden.

Charles B. Jones, Professor an der Catholic University of America

Viele Menschen geben sich mit den kleinen Freuden und Herausforderungen zufrieden, die das Reiten mit sich bringt. Das ist nur allzu verständlich. Reiten ist nicht gerade einfach, und man kann sein Leben durchaus der Perfektionierung dieser Kunst widmen.

Nachdem wir den Elefanten an die Leine genommen, ihn bestiegen und geritten haben, sind wir jetzt eins mit ihm. Das ist gut, aber es ist nicht unser höchstes Ziel, denn wir wollen, dass uns der Graue freiwillig überallhin folgt, wo wir hinwollen. Dass er nicht einfach stehen bleibt, wenn er will. Oder sich womöglich in eine andere Richtung wendet.

Um den nächsten Schritt auf unserem Weg zu gehen, müssen wir das Gewicht des Elefanten als die Quelle der Kraft nutzen, mit der wir diese an sich unmögliche Tat vollbringen können. Und dazu brauchen wir die Hebelwirkung.

Dieses Wort ist in den letzten Jahren sehr strapaziert worden. Optionsscheine haben eine Hebelwirkung. Jemand sitzt am längeren Hebel. Nichts ist immun gegen die Hebelwirkung. Wie alle zu häufig gebrauchten Begriffe ist dieses Wort so oft benutzt worden, dass die ursprüngliche Bedeutung in Vergessenheit geraten ist.

Hebelwirkung ist der Prozess, bei dem mit relativ wenig Kraft ein großes Objekt bewegt werden kann. Das Objekt bewegt sich, weil es auf einer Vorrichtung sitzt, mit der sein Gewicht eine darauf ausgeübte Kraft um ein Vielfaches verstärkt. Diese Vorrichtung ist ein Hebel.

Man kann so ziemlich alles als Hebel verwenden. Einen Stift. Eine Vollmacht. Einen Zeitungsartikel mit unangenehmen Informationen. Wichtig ist lediglich, an welcher Stelle des Objekts der Hebel angesetzt wird, damit die darauf ausgeübte Kraft verstärkt wird. Diesen Punkt nennt man Drehpunkt. Und der Drehpunkt sind Sie.

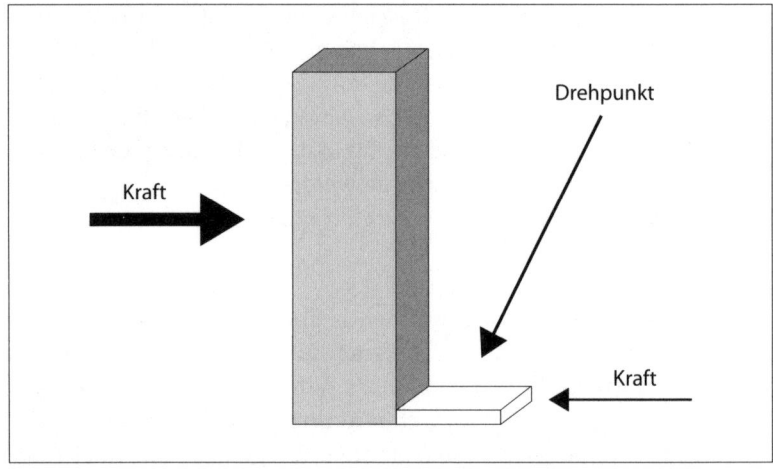

Es liegt an der Hebelwirkung, wenn ein kleiner Samurai einen großen, fetten Investmentbanker aufs Kreuz legt oder eine winzig kleine Firma ohne Schulden ein großes Unternehmen übernimmt. Die kleine Einheit setzt an der richtigen Stelle an und nutzt Masse und Moment der größeren, um sie in die Richtung zu bringen, in die sich die schwerere Kreatur bewegen soll.

Je größer die Masse ist und je unauffälliger und energischer das Aushebeln erfolgt, desto mehr potenzielle Energie wird das Tier erzeugen, die wir wiederum dazu nützen können, um es an jeden beliebigen Ort zu leiten. Das ist das Konzept. Jeder, der Zweifel an seiner Wirksamkeit hat, wird an die Führungskräfte von America Online verwiesen, die die Hebelwirkung meisterhaft beherrschen.

Einen Elefanten an der Leine dorthin zu führen, wo Sie ihn hinhaben wollen, ist nichts anderes als die kontinuierliche Anwendung der Hebelwirkung auf die Masse des Tiers an ständig wechselnden Punkten, die sich aus der jeweiligen Gelegenheit ergeben.

Mit einem Hebel bekommen Sie den Elefanten in Bewegung. Und wenn er Anstalten macht, stehen zu bleiben, können Sie seinen Schwung nutzen, um ihn wieder in Bewegung zu setzen, indem Sie ziehen oder schieben.

Sie müssen schnell sein. Sie müssen Kraft anwenden. Aber wenn der Elefant erst einmal in Bewegung ist, gibt es keinen Grund dafür, warum er jemals wieder stehen bleiben sollte.

BUDDHA-WEISHEIT

▶ Es macht natürlich keinen Sinn. Aber genau deshalb funktioniert es.

So führen Sie den Elefanten

Man kann aus einem Elefanten auch eine Mücke machen.
Anonym

Wir haben unseren Geist von allen Gedanken frei gemacht. Wir haben die Begierde aus unseren Herzen gerissen. Wir haben uns der Leere gestellt, die vom Schleier unseres Daseins verborgen wird, und sind dem Weg der Pflicht gefolgt. Und in diesem erleuchteten, aufnahmefähigen Zustand der Ruhe, frei von Gedanken und Sorgen, haben wir die Zen-Kunst der Elefantendressur gemeistert.

Denken wir an das zurück, was wir gelernt haben, um dies zu erreichen.

Wir haben uns auf die Ankunft des Elefanten vorbereitet, den Elefanten mit der Präzision des Zen kennen gelernt und ihn dann mit grenzenloser Gelassenheit begrüßt. Wir haben seine Sprache erlernt und akzeptiert, dass wir mit Schaufel und Besen in der Hand hinter ihm hergehen mussten, wie es sich für unseren damaligen Kenntnisstand geziemte. Wir haben das Tier mit den Informationen gefüttert, die es brauchte, und mit unserer Zeit und Aufmerksamkeit getränkt. Wir haben seine Stoßzähne poliert und seinen Bauch gesäubert, mit ihm zusammen seine Siege gefeiert und es in Zeiten der Niederlage und Enttäuschung getröstet.

Als fortgeschrittener Elefantenführer haben wir gelernt, dem Elefanten zu vertrauen, obwohl wir wissen, dass er dieses Vertrauen bisweilen gar nicht verdient. Wir haben unseren Verstand und die Pflicht, dem Tier zu gehorchen, miteinander in Einklang gebracht und das subtile Verfahren der Befehlsverweigerung ohne Folgen erlernt.

Mit zunehmender Praxis haben wir unsere Kunst vervollkommnen können und dem Elefanten auf eine Art und Weise Komplimente gemacht, dass er sich nun nach unserer Bewunderung sehnt, und ihn in Fertigkeiten unterwiesen, die wir perfekt beherrschen, von denen er aber keine Ahnung hat. Mit zunehmender Abhängigkeit unseres Elefanten haben wir ihm bei wichtigen Entscheidungen geholfen, alternative Strategien aufgezeigt, ihn davon überzeugt, dass jede gute Idee von ihm stammt, Lob von ihm bekommen, wenn wir es verdient haben, seine Reaktion auf gute und schlechte Nachrichten kennen gelernt, mit ihm geplaudert, um eine gewisse Vertrautheit und ein Gefühl der Kameradschaft zu schaffen, das seinem Wesen von Natur aus fremd ist, mit ihm getrunken, mit ihm gelacht, obwohl uns überhaupt nicht zum Lachen war, mit ihm Golf gespielt, seine Wutausbrüche ertragen, wenn es einen Grund dafür gab, und das Weite gesucht, wenn es keinen gab.

Wir haben schwere Zeiten mit unserem Grauen durchgestanden: Wir haben gegen ihn gekämpft, an seiner Seite gegen andere gekämpft, ihn ignoriert, wenn wir ihm wieder einmal zeigen mussten, wie allein er im Universum ist, oder wenn der gesunde Menschenverstand uns das geraten hat.

Die ganze Zeit über haben wir mit uns gerungen, meditiert und nach der Ruhe und dem Frieden gesucht, der mit dem Verzicht auf Liebe und Hass einhergeht, insbesondere wenn es sich dabei um Objekte handelt, die dieser himmlischen Gefühle gar nicht würdig sind.

Ja, wir haben hart gearbeitet, obwohl wir saßen. Und jetzt stehen wir neben unserem Elefanten, den wir trotz seiner Größe, seines Gewichts und seiner Macht unter unserer Kontrolle haben. Er braucht uns nicht, um sein Leben zu führen, es sei denn, wir sind wider Erwarten so wichtig für ihn geworden, dass es nicht ohne uns geht. Aber auch wenn das nicht der Fall ist, hat unser Dickhäuter das Gefühl, dass es manchmal besser für ihn ist, wenn wir ihn an der Leine haben.

Jetzt bleibt Ihnen nur noch, den Elefanten auszuhebeln und ihn immer wieder durch kalkulierte Kraftanwendung woanders hinzumanövrieren – dorthin nämlich, wo Sie ihn hin haben wollen. Bis er Ihnen eines Tages freiwillig folgen wird, ohne dass Sie ihn noch allzu oft dazu bringen müssen.

Sie brauchen keine Angst zu haben. Wenn Sie fleißig geübt haben, wird Ihnen dieser große, mit Heu und Ideen voll gestopfte Elefant nichts bedeuten. Er kann Ihnen nichts tun. Er kann Sie nicht berühren. Sie sind ein Teil von Brahma, und Brahma ist ein Teil von Ihnen. Der Elefant kann nichts mehr tun, um Sie von Ihrem Vorhaben abzuhalten. Sie sind bereit.

Stellen Sie sich hin. Suchen Sie sich einen Hebel. Es gibt so viele. Sie wissen nicht, welchen Sie benutzen sollen? Ist es nicht so, dass wir uns die Fülle der elefantischen Wünsche und Sehnsüchte zu Nutze machen können? Seinen Hunger nach einer guten Presse? Nach mehr Geld? Nach Sex mit Gazellen und Bunnys? Sehen Sie sich um. Nehmen Sie, was Sie brauchen. Und üben Sie mit einer kurzen, kräftigen Bewegung Druck aus, nicht mehr als notwendig, aber auch nicht weniger. Die Kraft des Elefanten wird ausgehebelt, und sehen Sie – da geht er hin!

Wenn der Elefant sich in Bewegung setzt und wie eine große, graue Wolke davonschwebt, sollten Sie sich ruhig die Zeit nehmen und den Anblick genießen. Kosten Sie die Stille aus, die Sie geschaffen haben. Sie wollen nichts. Sie brauchen nichts. Sie sind nichts. Aber Sie haben den Elefanten in Bewegung gesetzt und dazu gebracht, dass er das tut, was Sie von ihm wollen. Ist das nicht auch schon etwas?

Wenn das Tier, was anfangs noch manchmal passieren wird, stehen bleibt, suchen Sie sich einen Punkt, an dem Sie es aushebeln können – und weiter geht's. Warten Sie. Da steht der Elefant.

Und jetzt geht er wieder!

Dahin, wo Sie ihn hin haben wollen.

BUDDHA-WEISHEIT

▶ Es gibt einen großen Unterschied zwischen dem Führen und dem Schieben beziehungsweise Zerren eines Objekts. Wenn Sie den Elefanten schieben oder zerren müssen, damit er sich in Bewegung setzt – was aufgrund seines Gewichts natürlich vollkommen unmöglich ist –, haben Sie versagt. Außerdem könnten Sie sich dabei verletzen. Beim Führen dagegen konzentriert sich der Kraftaufwand auf wenige Punkte und Momente. Eines Tages brauchen Sie auch diese Punkte und Momente nicht mehr, weil der Elefant Ihnen *freiwillig* überallhin folgen wird.

Epilog
Finden Sie den Elefanten in sich

Wir sind am Ende einer Reise angekommen, die kein Ende hat. Und stehen vielleicht am Anfang der nächsten.

Man sagt, dass jede Reise mit einem einzigen Schritt beginnt. Sie haben diesen Schritt getan. Und ohne es zu wollen, sind Sie zu Macht gekommen. Obwohl es nicht für diesen Zweck geschaffen wurde, sind Sie durch das Zen stärker geworden als erwartet. Sie besitzen jetzt die Macht, die entsteht, wenn man sich nicht sorgt, wenn man keine Gefühle in andere investiert, die diese nicht verdient haben, wenn man nichts will und infolgedessen auch nichts fürchtet.

Was werden Sie mit dieser Macht tun? Werden Sie sie nutzen, um auf dem Erreichten aufzubauen und nach tieferer Erleuchtung zu streben? Oder werden Sie den jetzt erstaunlich kleinen Schritt tun und selbst zum Elefanten werden? Werden Sie Ihre Macht für das Gute nutzen und den armen Kreaturen dienen, die unter dem Gewicht ihrer Begierde, ihrer Qualen und ihres Selbst leiden, und ihnen die schwere Bürde durch die Ausübung Ihrer Kunst erleichtern?

Oder werden Sie sich der dunklen Seite der Macht zuwenden? Dieser Weg hält unermessliches Leid für Sie bereit, er birgt einen nicht enden wollenden Schmerz, der von der Quelle der selbstsüchtigen Begierde gespeist wird, in die jeder Elefant früher oder später fällt.

Aber auch sehr gutes Essen.

Wir haben am Anfang gesagt, dass Elefanten nicht gemacht, sondern geboren werden. Obwohl diese Aussage aus pädagogischen Gründen und ausschließlich zu Ihrem Wohl gemacht wurde, entsprach sie nicht ganz der Wahrheit.

Stalin saß anfangs zu Füßen Lenins. Churchill war ein mittelmäßiger Parlamentarier, bevor sein Aufstieg begann. Jack Welch war Caddy, wie bereits erwähnt. George Westinghouse und Thomas Edison waren dilettantische Bastler, nichts weiter. *Time-* und *Life-*Mitgründer Henry Luce hatte die Idee zu einer Zeitschrift. Der frühere CBS-Chef William Paley dachte, er könnte sich sein Geld so wie sein Vater verdienen, durch den Verkauf von Zigarren. Slobodan Milosevic war ein Apparatschik der Partei. Hitler hat Häuser angemalt. Shakespeare war Schauspieler. Rudolph Giuliani war Bundesstaatsanwalt und hatte mehr mit Eliot Ness als mit Benito Mussolini gemein. Mao Tse-tung war Lehrer. Arnold Schwarzenegger hat Gewichte gestemmt. Johanna von Orleans trieb sich in der Kirche ihres Heimatortes herum und hörte Stimmen.

Auf jeden Bill Gates oder Andrew Grove (Gründer von Intel), die bereits voll ausgebildet loslegten, kommen viele andere, die sich zu dem gemacht haben, was sie heute sind. Es ist durchaus möglich, dass Sie Ihre neu erworbene Macht nutzen, um zu einem jener Kolosse zu werden, die über unsere Erde schreiten.

Elefant? Oder Mensch? Sie können nicht beides sein. Die Wahl der Qual bleibt Ihnen überlassen, kleine Blume. Denken Sie darüber nach.

Oder besser, setzen Sie sich hin, und denken Sie überhaupt nicht. Das ist doch viel schöner, oder?

Anmerkungen

1 *Guatama Buddha, der Pfad der Vervollkommnung*
Übersetzung von Kurt Schmidt
© 1989 Scherz Verlag, Bern / München / Wien

2 Philip Kapleau, *Die drei Pfeiler des Zen*
Übersetzung von Brigitte D'Ortschy
© der deutschsprachigen Rechte 1979 Scherz Verlag, Bern / München / Wien

3 Übersetzung von Brigitte D'Ortschy, a. a. O.

4 Übersetzung von Kurt Schmidt, a. a. O.

5 Übersetzung von Kurt Schmidt, a. a. O.

6 Übersetzung von Kurt Schmidt, a. a. O.

7 F. Scott Fitzgerald, *Der große Gatsby*
Übersetzung von Walter Schürenberg
© 1974 Diogenes Verlag AG, Zürich

8 Amerikanische Organisation, die Colleges und Universitäten, an denen vor allem Afroamerikaner studieren, mit Stipendien unterstützt

9 Reaktion des amerikanischen Komikers Gary Coleman in der TV-Serie *Diff'rent Strokes,* wenn er mit etwas Unverständlichem konfrontiert wurde.

10 Übersetzung von Kurt Schmidt, a. a. O.

11 Aus dem *Dhammapada,* Übersetzung von Kurt Schmidt, a. a. O.

12 Übersetzung von Kurt Schmidt, a. a. O.

13 Übersetzung von Brigitte D'Ortschy, a. a. O.

14 Übersetzung von Kurt Schmidt, a. a. O.

Danksagung

Mein Dank geht an:

Jerry Levin,
der den größten Elefanten der amerikanischen Wirtschaft führte, ohne dass man etwas davon gemerkt hätte, und dann so viel Charakter hatte zu gehen.

Richter Thomas Penfield Jackson,
der die Tatsache ignorierte, dass der Elefant Stoßzähne hat, sogar dann noch, als er von ihm aufgespießt wurde,
oder
Bill Gates, wo immer er auch sein mag.

Jeffrey Katzenberg,
der weiß, dass eine Maus, die sich manchmal wie ein Elefant gebärdet, trotzdem nicht mehr ist als eine große, wilde Maus.

Alle Elefanten in meinem Unternehmen, ob groß oder klein, und an den kleinsten Elefanten von allen, meinen Lektor David Hirshey.

Und wie immer danke ich meiner Frau.